Susanne Bobrowski
Reinhard Forthaus

Lernspiele im Mathematikunterricht

•

Funktion von Lernspielen

•

Didaktische Anregungen

•

Spiele
für die Klassen 1 bis 4

SCRIPTOR

Gedruckt auf chlorfrei gebleichtem Papier
ohne Dioxinbelastung der Gewässer

Die Deutsche Bibliothek – CIP-Einheitsaufnahme

Bobrowski, Susanne:
Lernspiele im Mathematikunterricht: Funktionen von Lernspielen,
didaktische Anregungen, Spiele für die Klassen 1 bis 4 / Susanne Bobrowski;
Reinhard Forthaus. – 1. Dr. – Berlin : Cornelsen Scriptor, 1998
(Lehrer-Bücherei : Grundschule)
ISBN 3-589-05045-4

Dieses Werk berücksichtigt die Regeln der reformierten Rechtschreibung
und Zeichensetzung.

4.	3.	2.	1.	✓	Die letzten Ziffern bezeichnen
01	2000	99	98		Zahl und Jahr des Drucks.

Umschlagentwurf: Studio Lochmann, Frankfurt am Main
Satz: FROMM MediaDesign GmbH, Selters/Ts.
Druck und Bindung: Clausen & Bosse, Leck
Printed in Germany
ISBN 3-589-05045-4
Bestellnummer 50454

Inhalt

Einleitung

Spiele üben in ihren verschiedenen Erscheinungsformen einen besonderen Reiz auf Kinder aus und dies nicht nur zu Beginn der Schulzeit nach dem Übergang aus dem Kindergarten, sondern – bei entsprechender Auswahl – in jedem Grundschuljahrgang.

Während sich Spiele seit vielen Jahren in wesentlichen Bereichen der Grundschularbeit etabliert haben, wie zum Beispiel im Sport-, Sprach- oder Sachunterricht, werden sie im Mathematikunterricht häufig noch als netter Zeitvertreib oder als Möglichkeit zur Gestaltung einer Förderstunde, nicht aber in ihrem mathematischen Wert gesehen. Darüber hinaus scheint die Annahme verbreitet, dass Spiele im Mathematikunterricht mit zunehmender mathematischer Kompetenz der Kinder als verzichtbar eingestuft werden.

So liegt der Verdacht nahe, dass Spiele im Mathematikunterricht wesentlich in ihrer Funktion als Motivationsträger genutzt, nicht aber als ein sinnvoller Baustein und eine lohnenswerte Bereicherung im mathematischen Lernprozess verstanden werden.

Die vorliegende Sammlung soll dazu beitragen, das mathematische oder mathematikorientierte Spiel den Leserinnen und Lesern in seinen verschiedenen Funktionen zu eröffnen. Dabei wird deutlich, dass es sich bei diesen Funktionen um didaktische Ideen handelt, die bundesweit allen Richtlinien und Lehrplänen zu Grunde liegen. Des Weiteren haben sie nicht nur für den mathematischen Lernbereich ihre Gültigkeit, sondern sind – in ihrer jeweiligen fachdidaktischen Ausrichtung und Konkretisierung – grundlegend für den gesamten Erziehungs- und Bildungsbereich.

Diese Funktionen lassen sich bündeln in:

1. Grundlagen schaffen
2. Fertigkeiten produktiv üben
3. Neues entdecken
4. Fähigkeiten erproben

Bei der didaktisch-methodischen Umsetzung dieser Leitideen im Unterricht ist – insbesondere bei der Einbeziehung von Spielen – das soziale Lernen ein wesentlicher Begleitfaktor; denn gerade die gemeinsame Auseinandersetzung im Spiel fördert nachhaltig und immanent das soziale Lernen der Beteiligten.

Es sollte noch erwähnt werden, dass die oben genannte strukturelle Gliederung nicht in dem Sinne missverstanden werden darf, dass es sich hier um Bereiche handelt, die exakt gegeneinander abgegrenzt werden können. Sie sind vielmehr als signifikante Markierungen in einem Netzwerk zu verstehen, die je nach Inhalt und Ausprägung einer Spielidee auf vielfältige Weise miteinander korrespondieren.

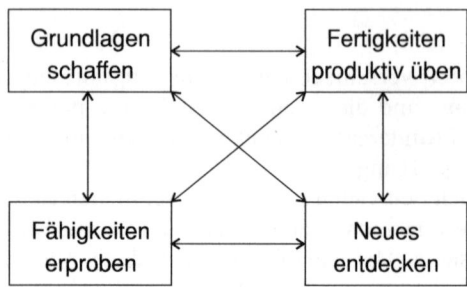

Betrachten wir beispielsweise das in „Grundlagen schaffen" beschriebene *Räuber und Goldschatz*, so wird deutlich, dass die Schaffung von Grundlagen (wie ggf. das Vorwärts- oder Rückwärtszählen, das Erkennen von Nachbarzahlen u. a.) auf der Basis eigener aktiver Erfahrungserweiterung der Kinder im Spielverlauf geleistet wird. Somit könnte dieses Spiel auch dem Bereich „Neues entdecken" zugeordnet werden.

Da in diesem Spiel weiterhin individuelle Vorerfahrungen freigesetzt und individuelle Lernprozesse in Gang gesetzt werden, ist es durchaus denkbar, dass einzelne Kinder im Spielverlauf ihre vor- oder außerschulischen mathematischen Kenntnisse und Fähigkeiten erproben oder auch latent vorhandene Fertigkeiten, beispielsweise im Addieren oder Subtrahieren von Einerzahlen, produktiv üben. So gesehen ermöglicht dieses Spiel ebenfalls eine Zuordnung zu den beiden verbleibenden Bereichen „Fähigkeiten erproben" oder „Fertigkeiten produktiv üben".

Warum also das Bemühen einer Einordnung der Spiele unter Leitbegriffen? Damit soll der Zweck erfüllt werden, gerade diesen Aspekt der Leserin bewusst zu machen, unabhängig davon, dass auch andere Intentionen durch dieses Spiel ausgedrückt werden könnten. Spiele sollten „nicht einfach so" im Unterricht eingesetzt werden. Sie stehen immer in einem Kontext zu den mathematischen Inhalten und Zielen. Wenn wir also der Leserin **einen** Aspekt vor Augen führen, dann mit der Absicht, das Spiel in **einer** seiner fachdidaktischen Funktionen zu interpretieren.

In diesem Sinne ergeben sich zwei Lesarten für das vorliegende Bändchen.

1. Die Leserin orientiert sich an einer Leitidee und verfolgt diese von den Klassen 1 bis 4. An den Leitbeispielen für die einzelnen Klassen wird dann ersichtlich, dass die den Spielen zu Grunde liegenden mathematischen Inhalte im Sinne eines Spiralcurriculums aufgebaut sind.

Diese Lesart eignet sich besonders für Kolleginnen und Kollegen, die nicht streng lehrgangs- und jahrgangsgebunden arbeiten, sondern den individuellen Lernprozessen der Kinder einen größtmöglichen Freiraum zugestehen. Warum sollte ein Kind der ersten Klasse nicht ein mathematisches Spiel erproben dürfen, das einer weitaus höheren Altersklasse zugeordnet ist?

2. Die zweite mögliche Lesart orientiert sich an einer bestimmten Jahrgangsstufe. Wenn eine Lehrerin gerade eine erste Klasse neu übernimmt, so ist es vielleicht sinnvoll, sich zunächst über eine Auswahl an Spielen zu informieren, die sich für die Einbeziehung in den Mathematikunterricht der ersten Klasse eignen.

Die Vergegenwärtigung der oben genannten Leitdeen hilft bei dieser Lesart, den didaktischen Einsatzort im Unterricht besser bestimmen zu können. Sicherlich ist bei der zur Zeit vorherrschenden jahrgangsgebundenen Unterrichtsweise diese gezielte Orientierungsmöglichkeit eine sinnvolle Hilfe.

Es ergibt sich von selbst, dass viele Spielideen in höheren Klassen nicht wertlos werden. Durch Anpassung an den veränderten Zahlenraum bei vielleicht geringfügig veränderten Regeln wandern sie mit in das nächste Schuljahr.

Bei den Quellenangaben haben wir uns auf vorliegende Literatur gestützt. Das bedeutet nicht, dass diese Spielidee nicht schon zu einem früheren Zeitpunkt oder an anderen Orten vorgestellt worden ist. Wichtig waren uns Spielvorschläge aus der fachdidaktischen Literatur und nicht so sehr aus Spielebüchern und dergleichen.

Am Ende des Buches finden sich einige Kopiervorlagen. Wer mag, kann diese vergrößern und verwenden. Häufig macht es aber viel mehr Spaß, nach den Vorlagen Material nach eigenem Geschmack und mit eigenen Ideen versehen zu gestalten.

Zur Einstimmung bieten wir den erwachsenen Leserinnen und Lesern ein kleines Knobelspiel mit sechs Würfeln an. Vielleicht kennen Sie es schon, dann blättern Sie einfach um. Wenn nicht, dann viel Erfolg!

Eisbären-Knobelei

In der Arktis leben Eisbären, die entsetzlich hungrig sind. Zum Glück haben die Eskimos einige Löcher in die Eisdecke geschlagen. Nur dort versammeln sich die Eisbären rings um diese Löcher herum und spähen nach Fischen aus. Es wird mit sechs Würfeln gewürfelt. Nach dem Wurf wird die Anzahl der Eisbären und der Löcher festgestellt. Wie? Das sollen Sie herausfinden. Auf der nächsten Seite sind einige Würfelergebnisse dargestellt.

Wurf Nr.	Würfelbild						Anzahl der Eisbären	Löcher
1							4	2
2							6	4
3							8	4
4							2	2
5							0	0
6							?	?

Wie viele Eisbären und wie viele Löcher werden durch den sechsten Wurf dargestellt?

Die Auflösung finden Sie im Kapitel 4 im *Eisbärenspiel*. Dort haben wir die Knobelaufgabe in ein Spiel verwandelt.

1. Grundlagen schaffen

Die Vermittlung grundlegender Kenntnisse und Fertigkeiten gehört zu den Kernaufgaben der Grundschule. Der Erwerb erfolgt mit Hilfe geeigneter didaktischer und methodischer Maßnahmen so, dass jedes Kind seinen eigenen Lernweg gehen kann. Kinder bringen auf jeder Altersstufe Wissen und Fertigkeiten mit, die Grundlagen für den weiteren Lernprozess sein können. Wissen und Fertigkeiten bilden die Knoten in einem flexiblen Netz, das fortlaufend verändert und erweitert wird. Grundlagen sind wichtige Netzelemente. Ohne stabile Ankerpunkte gibt es keine tragfähigen Verbindungen.

Wenn jedes Kind dort abgeholt wird, wo es steht, und entsprechend seiner Individualität über differenzierte Anforderungen gefordert und gefördert wird, sind Grundlagen für den Unterricht in mehrfacher Hinsicht notwendig:

- Gemeinsames Tun setzt häufig ein Mindestmaß an gemeinsamen Grundlagen voraus;
- der hierarchische Aufbau der Mathematik macht erreichtes Wissen zur Grundlage für den Erwerb neuer Einsichten und Fertigkeiten;
- aktiv-entdeckende Lernprozesse stützen sich auf Grundlagen in Form automatisierter Fertigkeiten.

Eine unterrichtliche Herausforderung für die Lehrerin liegt in der Heterogenität der den Kindern zur Verfügung stehenden Grundlagen. Zuerst einmal sind Basisfähigkeiten und -fertigkeiten für den Unterricht in allen Lernbereichen notwendig. Unterschiedliche emotionale und soziale Dispositionen wie Sprachverständnis, Merkfähigkeit, kognitive Impulsivität, Motivation etc. müssen berücksichtigt werden, der Entwicklungsstand wirkt sich auf den Erwerb fachlicher Grundlagen aus. Auch der mathematische Anfangsunterricht kann mit spielerischen Aktivitäten im Basisbereich fördern.

Pränumerische Fähigkeiten und Fertigkeiten sind speziellere Voraussetzungen und haben einen unmittelbaren Bezug zum Fach. Allzu häufig wird dabei übersehen, dass Schulanfänger keine Lernanfänger sind. Eigene Vorstellungen vom Zahlenraum, von der Zahlenreihe, vom Zahlbegriff sind eingebrachte Grundlagen und wollen ausgebaut werden. In der spielerischen Simulation beweisen sie ihre Tragfähigkeit und entwickeln sich durch eigene Entdeckungen weiter.

Das Konzept des aktiv-entdeckenden Lernens stellt die Eigenaktivität und Selbstständigkeit der Kinder in den Mittelpunkt. Lernen gleitet damit keinesfalls ab in Zufälligkeit, Beliebigkeit und Ziellosigkeit. Die Anregung und Organisation der Lernaktivitäten durch die Lehrerin sind wichtige Bestandteile schulischen Lernens. Und als „Abschluss des Lernprozesses bei grundlegenden Wissenselementen und Fähigkeiten muss eine Automatisierung angestrebt werden" (WITTMANN 1995, 20), die als Grundlage für weitere Lernprozesse dient.

Die vorliegende Sammlung setzt einen fachlichen Schwerpunkt. Zumindest für die Klasse 1 sollen aber auch einige Spielideen aufgenommen werden, durch die der mathematische Anfangsunterricht einen Beitrag für die Entwicklung und Stabilisierung allgemeiner Lerngrundlagen schaffen kann.

In Klasse 1 kann jedes Kind, das Wegespiele mit Würfeln (zum Beispiel „Mensch ärgere dich nicht") kennt, bei *Räuber und Goldschatz* mitspielen. „Die Kinder können lernen, auch **voneinander**, Würfelergebnisse und Felder zu benennen, entsprechende Zahlen von Feldern richtig aufwärts und abwärts zu ziehen und neue Felder immer sicherer in einem einzigen Schritt zu finden. Dabei prägen sie die Zahlreihe von 1 bis 20 immer genauer ein" (WITTMANN/MÜLLER 1990, S. 18, Hervorhebungen im Original). Gestützt wird auf diese Weise besonders die Entwicklung eines Zahlenraumbildes. Da dieses Spiel darüber hinaus noch vielfältige weitere Möglichkeiten des Erwerbs und der Sicherung von Grundlagen bietet, soll es als Anfangsbeispiel dienen und ausführlicher kommentiert werden.

Musterwürfel und *Bohnenschachteln* enthalten neben pränumerischen und numerischen Aktivitäten Förderansätze zur Wahrnehmungs- und Orientierungsschulung und berücksichtigen somit Basisgrundlagen. Eine besondere Rolle nehmen *Musterwürfel* ein, die zum Nikitin-Material gehören, das eine Serie von fünf aufbauenden Spielen umfasst. Als aufbauend werden diese Spiele bezeichnet, weil sie durch wachsende Aufgabenstellungen Kinder über mehrere Jahre begleiten und fördern. Hier finden sich Aktivitäten mit geometrischer Tendenz. *Fangen oder Nichtfangen*, *Erbsen auf dem Teller* und *Schwarzer Peter mit Zahlenkarten* sind Spielideen zum arithmetischen Grundlagenbereich.

Vergrößert sich im 2. Schuljahr der Zahlbereich, sind Erfahrungen zum Bündeln, zum Stellenwert und zur Zehnerstruktur wichtige Grundlagen für die weitere Arbeit in diesem Zahlenraum. Die *Hundertertafel* bietet mehr als nur eine systematische Anordnung von Zahlen. Sie ist ein ideales Spielfeld für vielfältige Aktivitäten und wird daher als „Spielplatz" ausführlicher dargestellt mit den Spielideen *Zahlen raten*, *Zahlenfolgen raten* und *Schiffe versenken*. Die Entscheidung, welche Spiele sinnvoll auf den Hunderterstrahl übertragen werden können, überlassen wir der Leserin und den Kindern.

Mit *Tangram* sollen neben geometrischen Grundlagen auch Basisfähigkeiten angesprochen werden. *20-Kasten-Hopse* stellt die Beziehungen der Zahlen im Hunderterraum in den Mittelpunkt der Aktivitäten. Das *Geldspiel* bezieht den

Größenbereich ein, mit dem Kinder in der Regel zuerst in Berührung kommen. Zunehmend werden mathematische Kenntnisse und Fertigkeiten zu Grundlagen für weiterführendes Lernen. Die Zahlbereichserweiterung im 3. Schuljahr macht neue Orientierungen erforderlich, die auf alten aufbauen. Die Aneinanderfügung von Hundertertafeln führt zu einem Tausenderfeld. Vieles, was in der Hundertertafel ausprobiert und gelernt worden ist, lässt sich nun auf das Tausenderfeld übertragen. *STOP* zeigt eine solche Weiterführung und wird daher zuerst beschrieben. Auch *Räuber und Goldschatz bis 1 000* verdeutlicht, wie Spielideen in andere Zahlenräume transferiert werden können.

Mit Vergrößerung des Zahlenraumes wird der Umgang mit dem Stellenwert immer mehr zur wichtigen Grundlage. Die auch unter anderen Namen bekannten Würfelspiele *Karlchen* und *Hausnummern* können dazu einen Beitrag leisten.

Weitere Grundlagen im geometrischen Bereich schaffen *Der Uniwürfel* und *Bausteine*, beide dem Nikitin-Material zugehörig, beide damit grundsätzlich auch schon früher einsetzbar.

Im 4. Schuljahr übersteigt die Größe der Zahlen häufig unsere Vorstellungskraft. Tausender, Zehntausender und Hunderttausender sind hilfreiche Strukturelemente und müssen grundlegend gesichert sein. Größenvorstellungen entwickeln sich weiter. Schätzen und Vergleichen werden zu wichtigen Aktivitäten. Das *Gleichgewicht* vereinigt Größenvorstellungen und Schätzen auf interessante Weise. Auch *Kassenzettel schätzen* ist dem Bereich „Größen" zuzuordnen. Für die Arithmetik findet sich das Spiel *Mehr als eine Million*, geometrische Grundlagen können geschaffen werden zum Flächenumfang und Flächeninhalt mit *Claim abstecken* und zum Raum mit der *Kubikmühle*.

1. Grundlagen schaffen in Klasse 1

Räuber und Goldschatz

Den Kindern soll in diesem Spiel bereits zu Beginn des ersten Schuljahres die Möglichkeit eröffnet werden, sich auf vielfältige Weise im Zwanzigerraum zu orientieren. In der Originalversion bildet die Zahlenreihe von 1 bis 20 die Spielgrundlage. Bei Einbeziehung der Null ergibt sich der Vorteil, dass die Position des Goldschatzes auf Platte 10 von den Kindern als gerecht empfunden wird. Mathematisch gesehen bringt diese Variante den Vorteil, dass auf ganz natürliche Weise die Null in die lineare Ordnung der Zahlen mit einbezogen wird. Sie ist den Kindern in der Regel aus ihrer Umwelt bekannt und kann durch dieses Spiel als Vorgänger der 1 sinnvoll in die Zählreihe integriert werden.

■ **Inhalte und Ziele:**
  - Orientieren in der Zwanzigerreihe (Identifizieren bekannter Ziffern und Zahlen)
  - Kennenlernen bzw. Aktivieren der linearen Ordnung der Zahlen durch Vorwärts- und Rückwärtszählen
  - Erfassen der Vorgänger-/Nachfolgerbeziehung als einen Schritt vor (+1) bzw. einen Schritt zurück (–1)
  - Benennen des Rangplatzes (Der Schatz liegt auf ...)
  - Erkennen von Beziehungen (... ist näher an ..., ... ist weiter weg von ...)
  - antizipierendes Einschätzen der Situation (Der ... Räuber braucht nur noch eine Drei zu würfeln, dann ...)
  - Notieren der Positionen des Spielverlaufs (10, 13, 9, 15, ...)
  - Ausführen und Verbalisieren der sich aus dem Spielverlauf ergebenden Additionen und Subtraktionen (von +/– 1 bis +/– 6)
  - schriftliches Notieren der sich aus dem Spielverlauf ergebenden Additionen und Subtraktionen, zum Beispiel:

Plusräuber	Minusräuber
$10 + 4 = 14$	$14 - 1 = 13$
$13 + 4 = 17$	$17 - 6 = 11$
$11 + 2 = 13$	$13 - 5 = 8$
$8 + 1 = 9$	$9 - 3 = 6$
$6 + 3 = 9$	$9 - 6 = 3$
$3 + 1 = 4$	$4 - 5 =$ Höhle!

  - Erschließen der verdeckten Minusaufgaben aus den notierten Plusaufgaben, zum Beispiel:

Aus den Aufgaben des Plusräubers
$$11 + 2 = 13 \qquad 8 + 1 = 9$$
ist zu sehen, dass der Minusräuber Position 13 übernimmt und nach seinem Würfeln die Position 8 übergibt. Demnach muss er $13 - 5 = 8$ gerechnet haben.

Quelle: WITTMANN/MÜLLER 1990, S. 17 f.

■ **Anzahl der Spieler/Parteien:** 2

■ **Material:**
a) zur Demonstration:
ein großes Spielfeld (DIN A1), 1 Goldschatz (Stein in Goldfolie), ein Schaumstoffwürfel, Tafel oder Papier zum Notieren von Ergebnissen
b) für jede Partner- oder Kleingruppe:
ein DIN-A4-Spielfeld (Kopiervorlage 1, S. 104), einen Goldschatz (Spielstein), einen Spielwürfel, ggf. Papier und Stift zum Notieren von Ergebnissen

■ **Verlauf:**
Ein Märchen erzählt von zwei Räubern, die tief im Wald – jeder in einer eigenen Höhle – hausen. Der Weg zwischen den beiden Höhlen ist mit 21 Platten ausgelegt, die von 0 bis 20 nummeriert sind.
Eines Tages finden die beiden Räuber einen glitzernden Goldklumpen, den jeder zuerst gesehen haben will. Es kommt zu einem heftigen Streit und schließlich gar zu einem Kampf. Nach einer geraumen Zeit sind beide so erschöpft, dass sie aufgeben. Sie einigen sich darauf, dass mit Hilfe eines Würfels entschieden werden soll, wer den Schatz bekommt. Der Schatz wird auf die Platte mit der Zahl 10 gelegt. Der Spieler, der beginnen darf, wird – vergleichbar mit Gesellschaftsspielen – durch Auswürfeln bestimmt. Es wird abwechselnd gewürfelt und jeder rückt den Schatz um so viele Platten in Richtung seiner eigenen Höhle, wie der Würfel anzeigt. Wer den Schatz zuerst in seiner Höhle hat, dem soll er gehören.

■ **Varianten:**
1. Die Spielfelder sind durch Chips verdeckt, nur das Spielfeld mit dem Schatz nicht. Nach dem Würfeln muss der Spieler erst die Zahl des zu erreichenden Feldes nennen. Ist seine Angabe richtig, wird das alte Schatzfeld verdeckt und das neue bleibt offen.
2. Der Spielverlauf wird in Form von Additions- und Subtraktionsaufgaben notiert. Eine der beiden Spalten wird verdeckt. Wer kann mit Hilfe der offen liegenden Spalte die verdeckte rekonstruieren?

Musterwürfel

■ **Inhalte und Ziele:**
- Figur-Grund-Wahrnehmung
- Parkettieren
- Drehen
- Spiegeln

Quelle: Nikitin-Material – Aufbauende Spiele 1 „Musterwürfel", LOGO Lern-Spiel-Verlag, Dorsten

■ **Anzahl der Spieler/Parteien:** 1 oder 2

■ **Material:** 16 Holzwürfel mit rot, gelb, blau und weiß bedruckten Flächen, zwei Vorlagenhefte (Heft 1, Serie A, B und C mit 72 Spielvorlagen für 4, 9 und 16 Würfel; Heft 2, Serie D und E mit 56 Spielvorlagen zu Buchstaben und Zahlen)

■ **Verlauf:**
Entsprechend den Vorlagen sind mit den Würfeln Muster allein oder im Wettkampf gegen andere zu legen. Die 25 Vorlagen der Serie A kommen mit vier Würfeln aus und sind für Klasse 1 geeignet.

Die weiteren Serien begleiten die Kinder „aufbauend" im weiteren Verlauf der Schuljahre. Und wer gerade keine Lust zum Nachlegen hat, erfindet ein eigenes Muster, geometrisch ausgerichtet mit Symmetrien, oder einfach ein schönes Bild.

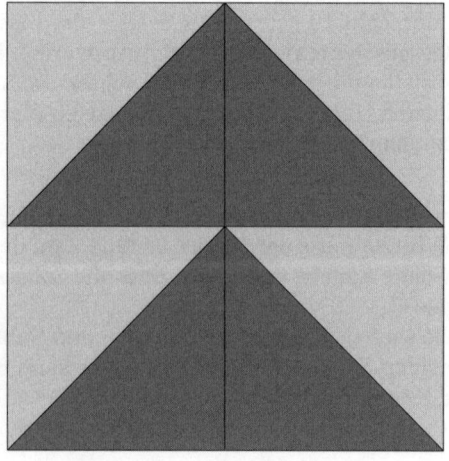

Bohnenschachteln

■ **Inhalte und Ziele:**
- Zählen von konkreten Mengen
- Vergleichen von Mengen und Ziffern
- erstes Addieren, Subtrahieren und Ergänzen
- akustische Wahrnehmungsdifferenzierung
- Kleiner-größer-Relation

Quelle: *Die Grundschulzeitschrift* 96/1996, S. 36 ff., in Anlehnung an die dort beschriebenen Spiele

■ **Anzahl der Spieler/Parteien:** 2 bis 4

■ **Material:** Streichholzschachteln, beschriftet mit den Zahlen von 1 bis 20, Bohnen, Notizblatt und Stift, Augenbinde(n) für die Variante

■ **Verlauf:**
Die Schachteln werden mit Bohnen gefüllt, deren Anzahl nicht mit der Aufschrift auf den Schachteln übereinstimmt. Nun werden die Schachteln mit der Ziffernseite nach unten auf den Tisch gelegt. Reihum wird eine Schachtel gezogen, umgedreht und geöffnet. Wer zuerst sagen kann, wie viele Bohnen in der Schachtel zu viel oder zu wenig sind, darf die Schachtel behalten. Wer hat am Ende die meisten Schachteln?

■ **Variante:**
Alle Schachteln sind mit dem richtigen Inhalt an Bohnen gefüllt. Gegeneinander oder gemeinsam versuchen die Kinder, eine aufsteigende oder absteigende Zahlenfolge aus drei (auch vier oder fünf) Schachteln zu bilden. Nachdem die Augen verbunden worden sind, wird durch Schütteln der Schachteln die Bohnenanzahl geschätzt. Dabei kommt es nur auf den Vergleich „mehr/weniger" an. Liegen die Bohnen dicht beieinander, wird man raten müssen. Selbstverständlich kann nicht verlangt werden, dass die Zahlenfolge aus Nachbarzahlen besteht.

Fangen oder Nichtfangen

■ **Inhalte und Ziele:**
 − Zahleigenschaften sicher erkennen

Quelle: ROTH 1991, S. 41

■ **Anzahl der Spieler/Parteien:** möglichst viele

■ **Material:** Wurfgegenstand (Ball, Reissäckchen)

■ **Verlauf:**
Die Kinder stellen sich im Kreis auf, der Spielleiter steht in der Mitte des Kreises.
Nachdem er eine Zahl zwischen 1 und 20 genannt hat, wirft er einem Kind den Ball zu.
War die genannte Zahl gerade, muss das Kind den Ball fangen, war sie ungerade, wirft es den Ball sofort zurück. Bei einer falschen Reaktion spielt das Kind im Knien, bei der nächsten Falschlösung im Sitzen weiter.

■ **Variante:**
Durch Veränderung des Kriteriums lässt sich das Spiel in anderen Jahrgängen spielen.
Denkbare Kriterien zum Beispiel:
● Vielfaches einer Einmaleinsreihe oder nicht
● Hunderterzahl oder nicht
● Zahl zwischen 1 000 und 2 000 oder nicht.

Erbsen auf dem Teller

■ **Inhalte und Ziele:** – Zuordnung Zahlwort – Zahlbild
    – Addieren (in der Variante)
    – Stellenwertschreibweise (in der Variante)

Quelle: REGELEIN 1994, S. 34

■ **Anzahl der Spieler/Parteien:** beliebig

■ **Material:** für jeden Teilnehmer drei Unterlagen (Bierdeckel, Pappscheiben) und ein Vorrat an Gegenständen (Erbsen, Büroklammern)

■ **Verlauf:**
Ein Kind ruft drei Zahlen, zum Beispiel 3 – 5 – 8. Alle Mitspieler legen nun so schnell wie möglich 3 Gegenstände auf die erste, 5 auf die zweite und 8 auf die dritte Unterlage. Wer zuerst fertig ist, darf die nächsten drei Zahlen nennen.

■ **Varianten:**
1. Nach dem Legen werden die Gegenstände addiert. Wer zuerst das richtige Ergebnis nennt, bestimmt die nächsten drei Zahlen.
2. (für höhere Klassen): Die Kinder erhalten als Gegenstände quadratische Plättchen als Hundertersymbole, Stäbe oder Streichhölzer als Zehnersymbole und Plättchen, Erbsen oder dgl. als Einersymbole. Statt 3 – 5 – 8 wird gesagt: „Dreihundertachtundfünfzig." Die Zahl wird auf den drei Unterlagen stellenweise mit den Symbolen gelegt.

Schwarzer Peter mit Zahlenkärtchen

■ **Inhalte und Ziele:** – Zuordnung: Zahlbild – Ziffer

Quelle: WITTMANN/MÜLLER 1990, S. 31

■ **Anzahl der Spieler/Parteien:** 5

■ **Material:** zwölf Karten mit den Zahlen von 9 bis 20 in Zifferndarstellung, zwölf Karten mit den Zahlen von 9 bis 20 in Punktmusterdarstellung, eine Karte mit einer „Schwarzer-Peter"-Darstellung

■ **Verlauf:**
Nach dem Mischen erhält jedes Kind 5 Karten. Es gelten die Regeln des „Schwarzer-Peter"-Spiels. Je zwei Karten mit derselben Zahl (eine mit Ziffern, die andere mit Punkten) werden abgelegt. Die „Schwarzer-Peter"-Karte bleibt am Ende übrig.

■ **Variante:**
Zahl der Karten und der Kinder lassen sich variieren.

2. Grundlagen schaffen in Klasse 2

Spiele in der Hundertertafel

Hunderterzahlenstrahl und Hundertertafel sind die am häufigsten verwendeten Anschauungsmittel für den Zahlenraum bis 100. Durch die Anordnung in der Tafel werden das Bündelungsprinzip und der systematische Aufbau des Hunderters deutlich. Der Zahlenstrahl dagegen hilft beim Verständnis für die Ordnung der Zahlen. Ausführlicher dargestellt werden sollen an dieser Stelle Orientierungsspiele in der Hundertertafel.

Zu Anfang verbinden Kinder nicht unbedingt mit der 36 in der Hundertertafel die Vorstellung, dass 36 Felder belegt sein müssen, säuberlich unterteilt in drei Reihen mit zehn Feldern und einer Reihe mit 6 Feldern. Auch sind 26 und 46 genauso Nachbarzahlen wie 35 und 37, 25 und 27 oder 45 und 47. Orientierung, Training von Lagebeziehungen, Entdecken des systematischen Aufbaus bis hin zum Stellenwertsystem bilden wesentliche Grundlagen für den Ausbau des Zahlenraumes bis 100.

■ **Inhalte und Ziele:**
- Orientieren in der Hundertertafel
- Trainieren von Lagebeziehungen
- Verstehen der Stellenwertidee
  (Bewegungen in der Reihe verändern die Einerziffer bei fester Zehnerziffer, senkrechte Bewegungen in der Spalte dagegen wirken sich auf den Zehner aus. Bei diagonal gelegenen Nachbarn müssen beide Bewegungen und ihre Auswirkungen koordiniert gesehen werden.)
- Stützen des Verständnisses für den Zusammenhang zwischen Bewegungen im Feld und dem Größer- bzw. Kleiner-Werden der Zahlen
- sich in kleinen und großen Schritten aufwärts oder abwärts im Zahlenraum bewegen
- Springen über den rechten bzw. linken Rand ohne bewusstes Addieren und Subtrahieren

a) Zahlen raten

■ **Anzahl der Spieler/Parteien:** 2 bis 4

■ **Material:** Hundertertafel, verschiedenfarbige Spielsteine

■ **Verlauf:**
Die zu erratenden Zahlen werden umschrieben:
- zwischen 24 und 26
- Zehnerzahl zwischen 40 und 60

- vor der 48
- schräg links unter 63 usw.

Errät ein Mitspieler die richtige Zahl, setzt er einen Spielstein seiner Farbe auf das Zahlenfeld und stellt nun seinerseits ein neues Rätsel.

b) Zahlenfolgen raten

Quelle: WITTMANN/MÜLLER 1990, S. 78

■ **Anzahl der Spieler/Parteien:** 2 bis 4

■ **Material:** Hundertertafel, Spielsteine

■ **Verlauf:**
Ein Spieler denkt sich eine Zahlenfolge aus, zum Beispiel:
- Immer 2 mehr (21, 23, 25, 27, ...)
- Immer 12 weniger (98, 86, 74, 62, ...)
- Immer eins mehr zurück (100, 99, 97, 94, ...) usw.

Er deckt die entsprechenden Zahlen zu, die Mitspieler versuchen, die Zahlenfolge zu erraten und den nächsten Stein zu legen.

c) Schiffe versenken

■ **Anzahl der Spieler/Parteien:** 2

■ **Material:** ein Hunderterfeld mit Zahlen, ein Hunderterfeld ohne Zahlen, ein Zweier-, ein Dreier-, ein Vierer- und ein Fünferstab

■ **Verlauf:**
Die Spielregeln des bekannten Spieles werden auf das Hunderterfeld übertragen. Dazu legt ein Kind seine „Schiffe" (Stäbe) verdeckt in das Hunderter-Zahlenfeld. Das andere Kind erhält das leere Hunderterfeld und hat die Aufgabe, die Schiffe aufzuspüren.

Das Kind mit dem leeren Hunderterfeld nennt Zahlen zwischen 1 und 100. Befindet sich auf dieser Zahl ein Schiff, so muss das Kind, das die Schiffe versteckt hat, den „Treffer" bekanntgeben. In diesem Fall zeichnet sich das Kind, das die Schiffe sucht, an die entsprechende Stelle in seinem leeren Hunderterfeld ein Kreuz. Es darf danach so lange weiter fragen, bis das Schiff entweder „versenkt ist" oder kein Treffer mehr gelandet wird. Hat es keinen Treffer gelandet, so markiert es sich die genannte Zahl in seinem Hunderterfeld mit einem Minuszeichen. Das Spiel endet, wenn ein Kind alle Schiffe des Gegenspielers aufgespürt hat. Die Anzahl der Minuszeichen wird aufgeschrieben. Danach werden die Rollen getauscht. Gewonnen hat, wer weniger Fehlschüsse aufweisen kann.

Tangram

- **Inhalte und Ziele:**
  - Weiterentwicklung der Figur–Grund–Wahrnehmung und des räumlichen Vorstellungsvermögens
  - erste Erfahrungen zu Flächen
  - erste Erfahrungen zu geometrischen Formen

Quelle: SCHNAUDER 1980, S. 86 f.

- **Anzahl der Spieler/Parteien:** 1 oder (bei Wettkampf) mehrere

- **Material:** Tangramteile (Kopiervorlage 2, S. 105)

- **Verlauf:**

Aus den sieben Teilen werden Figuren gelegt nach freier Wahl oder zu einem gegebenen Thema (zum Beispiel: Menschen, Häuser, Schiffe, Tiere usw.).

- **Varianten:**

1. Eine Umrissfigur wird mit den Teilfiguren ausgelegt. Ein Wettkampf ist möglich (Welches Kind/welche Gruppe hat die Figuren zuerst gelegt?). Die Aufgabe lässt sich vereinfachen, wenn die Lage von einer oder mehreren Teilfiguren in der Umrisszeichnung vorgegeben ist.

2. Figuren werden nach Vorlagen gelegt. Vorlagen finden sich in zahlreichen Literaturbeiträgen zum Tangramspiel und im Begleitheft von im Handel erhältlichen Tangramspielen (zum Beispiel bei Ravensburg Nr. 015269). Sie können auch als Schattenriss auf dem Tageslichtschreiber angeboten werden.

3. Aus dem Tangramquadrat sollen andere geometrische Figuren (Rechteck, Dreieck, Trapez, Schiefeck) gelegt werden.

Die Varianten lassen sich auch als Wettkampf durchführen. (Welches Kind/welche Gruppe hat die Figur zuerst gelegt?)

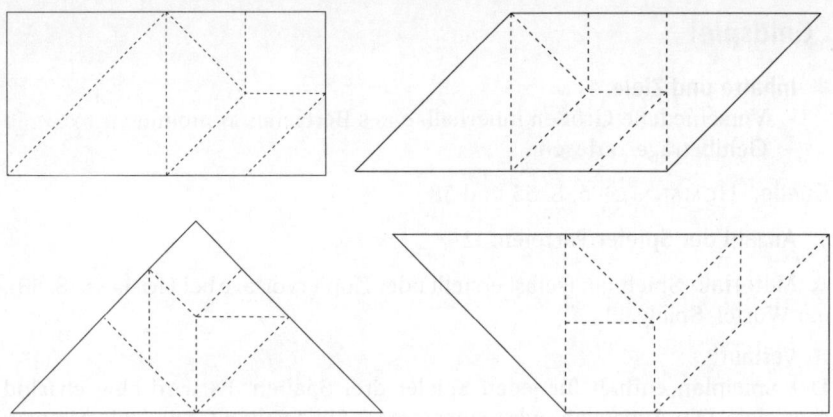

20-Kasten-Hopse

■ **Inhalte und Ziele:**
  - Zahlbeziehungen erkennen
  - Nachfolger benennen

Quelle: ROTH 1991, S. 47

■ **Anzahl der Spieler/Parteien:** bis ca. 6

■ **Material:** Spielfeld mit 5 × 4 Feldern, aufgezeichnet auf dem Boden, Feldgröße ca. 30 × 30 cm

■ **Verlauf:**
In die Felder werden ungeordnet die Zahlen einer aufsteigenden Reihe eingetragen, zum Beispiel von 21 bis 40. Das Feld mit der kleinsten Zahl wird gekennzeichnet. Es ist das Startfeld. Aufgabe der Spieler ist es, in der Reihenfolge der Zahlen zu hüpfen und dabei die Zahlen zu benennen.

■ **Varianten:**
Veränderung der Reihenfolge:
● von der größten zur kleinsten Zahl
● auf die geraden (ungeraden) Zahlen
● auf die Vielfachen von 3 hüpfen usw.

Geldspiel

■ **Inhalte und Ziele:**
- Verschiedene Größen innerhalb eines Bereiches kombinieren
- Geldbeträge zerlegen

Quelle: HOMANN 1995, S. 55 und 58

■ **Anzahl der Spieler/Parteien:** 2

■ **Material:** Spielplan (selbst erstellt oder Kopiervorlage bei HOMANN, S. 58), ein Würfel, Spielgeld

■ **Verlauf:**
Der Spielplan enthält für jeden Spieler drei Spalten. Es wird abwechselnd gewürfelt. Die Augenzahl wird eingetragen. Sie bestimmt, wie viele Münzen zum Legen des Geldbetrages verwendet werden dürfen und müssen. Gelingt das Legen des verlangten Betrages, wird die Zerlegung eingetragen. Das Geld kommt in die Kasse zurück, und der andere Spieler würfelt. Gewonnen hat, wer am Ende die meisten Zerlegungen geschaffen hat.

Spielplanentwurf
nach HOMANN:

Geld-betrag	Spieler 1			Spieler 2		
	Würfel-zahl	gelegtes Spielgeld		Würfel-zahl	gelegtes Spielgeld	
6 Pf						
10 Pf						
3 Pf						
15 Pf						

Vorgegebene Geldbeträge in der Quellenversion:
6 Pfennig, 10 Pfennig, 3 Pfennig, 15 Pfennig, 4 Pfennig, 50 Pfennig, 1 DM 10 Pfennig, 1 DM 20 Pfennig, 2 DM, 3 DM 3 Pfennig.

■ **Varianten:**
1. Durch Veränderungen der Geldbeträge lässt sich der Schwierigkeitsgrad begrenzt variieren.
2. Das Geld wandert nach dem Legen nicht zurück in die Kasse, sondern verbleibt beim Spieler. Sieger wird, wer am Ende über den höchsten Betrag verfügt.
3. Die Beträge müssen nicht in der vorgegebenen Reihenfolge gelegt werden. Der Spieler kann nach seinem Wurf bestimmen, welchen Betrag er legen möchte.

3. Grundlagen schaffen in Klasse 3

STOP

Dieses Spiel ist eine Übertragung der Idee von *Blockade* (WITTMANN/MÜLLER 1990, S. 77) auf den Zahlenraum bis 1 000. Es schult die Orientierung im Tausenderraum und lässt erste Additionen und Subtraktionen von Hunderterzahlen zu, die verbunden werden mit konkreten Bewegungen in der Zahlenraumdarstellung. Das Tausenderbuch in Form eines Leporellos nimmt als Spielfeld eine wichtige Rolle ein, weil die Zahleneintragungen in jedem Hunderterfeld anders gestaltet sind. So variieren die Stützpunkte, von denen aus die nicht beschrifteten Felder identifiziert und benannt werden, ständig.

■ **Inhalte und Ziele:**
   - Orientieren im Tausenderraum
   - Addieren und Subtrahieren von Hunderterzahlen

Quelle: WITTMANN/MÜLLER 1992, S. 16

■ **Anzahl der Spieler/Parteien:** 2

■ **Material:** ein Tausenderbuch in farbiger Ausführung im Format 11 cm × 11 cm (Klett, Bestell-Nr. 19903) oder als Demonstrationsmaterial im Format 25 cm × 25 cm (Klett, Bestell-Nr. 199039), ein roter und ein blauer Spielstein

■ **Verlauf:**
Zu Spielbeginn liegt der rote Spielstein auf Feld 1, der blaue Spielstein auf Feld 1 000. Die Partei, die den roten Spielstein bewegt, darf ihn um einen oder zwei Plätze nach rechts (+1, +2) oder nach unten (+10, +20) oder um einen oder zwei Hunderter (+100, +200) bewegen. Die blaue Partei verschiebt ihren Stein in entgegengesetzter Weise um ein oder zwei Felder nach links (−1, −2), nach oben (−10, −20) oder um einen oder zwei Hunderter zurück (−100, −200).
Der rote Spielstein darf niemals den blauen Stein überspringen, d. h. einen höheren Zahlenwert einnehmen. Analog dazu darf der blaue Spielstein niemals den roten überspringen, also einen geringeren Zahlenwert einnehmen.
Diejenige Partei, die diese Bedingung nicht mehr erfüllen kann, hat verloren. Kommen beide Spielsteine auf das gleiche Zahlenfeld, hat der verloren, der als nächster am Zug ist.
Die Züge sind anzusagen, zum Beispiel: „Ich ziehe auf die 842."

■ **Variante:**
Zu jedem Zug ist auch die Additions- bzw. Subtraktionsaufgabe zu nennen, zum Beispiel: „642 + 200 = 842".

Räuber und Goldschatz bis 1 000

■ **Inhalte und Ziele:**
  – Orientierung im Tausenderraum

Quelle: WITTMANN/MÜLLER 1992, S. 16

■ **Anzahl der Spieler/Parteien:** 2

■ **Material:** Tausenderbuch (siehe vorhergehendes Spiel), ein Spielstein als Goldschatz

■ **Verlauf:**
Die Spielidee entspricht dem *Räuber und Goldschatz* für Klasse 1. Für den großen Zahlenraum gelten als Bedingungen:

1. Der Goldschatz liegt zu Beginn auf Feld 500.
2. Bei den Würfelergebnissen 1 oder 6 ziehen die Räuber um entsprechend viele Einer vor bzw. zurück.
3. Bei den Würfelergebnissen 4 oder 5 ziehen die Räuber um entsprechend viele Zehner vor bzw. zurück.
4. Bei den Würfelergebnissen 2 oder 3 ziehen die Räuber um entsprechend viele Hunderter vor bzw. zurück.
5. Der Plusräuber gewinnt, wenn der Goldschatz 1 000 oder mehr erreicht, der Minusräuber gewinnt, wenn der Goldschatz 1 oder weniger erreicht.

Auch hier ist das Tausenderbuch wegen seiner unterschiedlichen Zahlenangaben in den einzelnen Hunderterfeldern ein wichtiges Spielelement.

Karlchen

■ **Inhalte und Ziele:**
  – Beachten der Stellenwertschreibweise
  – erste Begegnung mit Überträgen

■ **Anzahl der Spieler/Parteien:** beliebig

■ **Material:** sechs Würfel, Notizblatt, Stift

■ **Verlauf:**
Alle sechs Würfel werden gleichzeitig geworfen. Für jede Eins gibt es 100 Punkte, für jede Sechs 60 Punkte. Alle anderen Augenzahlen zählen normal. Wer das höchste (niedrigste) Ergebnis erreicht, erhält einen Punkt.

Hausnummern

■ **Inhalte und Ziele:**
- Beachten der Stellenwertschreibweise
- erste Begegnung mit Überträgen

Quelle: RADATZ/SCHIPPER 1983, S. 184

■ **Anzahl der Spieler/Parteien:** 2 bis ca. 6

■ **Material:** drei Würfel, Notizblatt, Stift

■ **Verlauf:**
Alle drei Würfel werden gleichzeitig geworfen, eine Würfelzahl wird ausgesucht und als Hunderterzahl festgelegt und aufgeschrieben. Danach wird mit zwei Würfeln gewürfelt, wiederum wird eine Würfelzahl ausgesucht und als Zehnerzahl festgelegt. Die Einerstelle wird mit dem letzten Wurf und also mit einem Würfel bestimmt. Gewonnen hat die Runde, wer die höchste Zahl (Hausnummer) erreicht.

■ **Varianten:**
1. Statt der höchsten Hausnummer gewinnt die niedrigste.
2. Der Spieler bestimmt nach (oder vor) jedem Wurf, ob er die Einer-, Zehner- oder Hunderterstelle belegen will.
3. Es wird bei jedem Wurf mit zwei Würfeln gewürfelt, deren Augenzahlen addiert werden. Dabei können Überträge geschaffen werden bei den Summen 10, 11 und 12. Wer beispielsweise als Summe 11 erreicht und diese für die Zehnerstelle bestimmt, macht daraus einen Zehner und schreibt sich bereits einen Hunderter gut.

Der Uniwürfel

■ **Inhalte und Ziele:**
- Entwicklung des räumlichen Denkens

Quelle: Nikitin-Material – Aufbauende Spiele 2 „Uniwürfel", LOGO Lern-Spiel-Verlag, Dorsten

■ **Anzahl der Spieler/Parteien:**
1 oder 2

■ **Material:** 27 Holzwürfel mit roten, gelben und blauen Seiten, Spielvorlagenheft mit 47 Vorlagen

■ Verlauf:

Alle Vorlagen können allein, in Partnerarbeit oder im Wettkampf gegeneinander bearbeitet werden. Der Schwierigkeitsgrad nimmt kontinuierlich zu, so dass das Material mit Sicherheit mit in die 4. Klasse wandert, manchmal vielleicht auch mit der Lehrerin nach Hause. Zur Verdeutlichung eine *Beispielaufgabe*: Wer setzt am schnellsten einen Würfel aus 8 Spielwürfeln zusammen? Alle sechs Außenflächen müssen rot sein.

Bausteine

■ Inhalte und Ziele:
- Entnehmen von Lagebeziehungen aus Bildern
- Kombinieren von Seitenansichten

Quelle: Nikitin-Material – Aufbauende Spiele 4 „Bausteine", LOGO Lern-Spiel-Verlag, Dorsten

■ Anzahl der Spieler/Parteien: 1 oder 2

■ Material: acht gleiche Holzblöcke (8 × 4 × 2 cm), Vorlagenheft mit 48 Aufgaben in vier unterschiedlich schwierigen Serien (A: Start mit zwei Bausteinen, B: geometrische Spielereien, C: Ansichten, D: Bauwerke – Konstruktionen)

■ Verlauf:

Die Serien A, B und C sind auch für jüngere Kinder geeignet. Die 30 Vorlagen der Serie D haben es allerdings „in sich", so dass sich Partnerarbeit anbietet. Alle Vorlagen geben zweidimensionale Ansichten (von vorn, von der Seite, von oben) vor. Neben dem Nachbauen bietet es sich auch an, zu eigenen Bauwerken Ansichten auf Kästchenpapier anzufertigen.

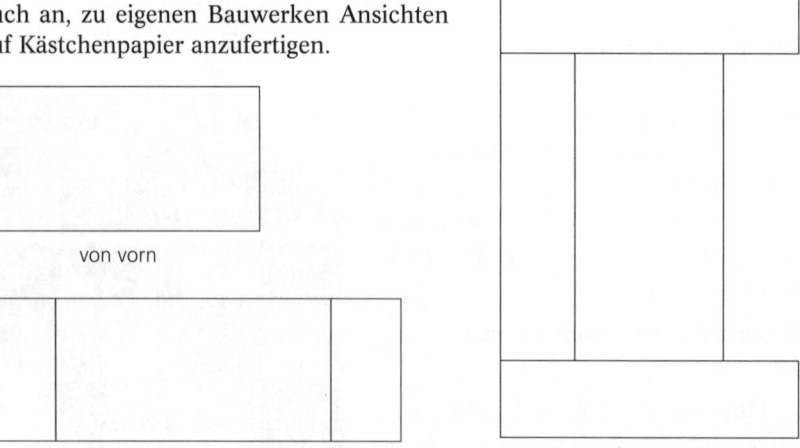

von vorn

von der Seite

von oben

4. Grundlagen schaffen in Klasse 4

Gleichgewicht

Größenbereiche sind „von Natur aus" für konkretes Handeln gut geeignet. Untersuchen, Forschen, Entdecken haben einen hohen Aufforderungscharakter für Kinder und enthalten häufig genügend spielerische Elemente, so dass eigene Lernspiele nicht allzu oft anzutreffen sind. Die pfiffige Idee von KRAUSHOFER und KÖNIG, das Wiegen zu einem Wettstreit zwischen zwei Gruppen zu machen, bei dem es zu einem intensiven kommunikativen Austausch über Gewichtserfahrungen kommt, ist ein gelungenes Beispiel, wie Spiele aus dem Unterricht heraus entstehen können.

■ **Inhalte und Ziele:**
- Vorstellung von Gewicht entwickeln
- Schätzen
- Wiegen

Quelle: KRAUSHOFER/KÖNIG

■ **Anzahl der Spieler/Parteien:** 2

■ **Material:** Waage, Vorräte an kleinen Objekten wie zum Beispiel Erbsen, Linsen, Büroklammern, Kürbiskerne usw.

■ **Verlauf:**
Das Spiel wird wegen der entstehenden Diskussionen besonders interessant, wenn es zwischen Mannschaften gespielt wird. Es wird vereinbart, was ins Gleichgewicht gebracht werden soll, zum Beispiel Büroklammern und Erbsen. Eine Partei erhält einen Vorrat Büroklammern, die andere einen Vorrat Erbsen. Jede Mannschaft ist für eine der beiden Waagschalen zuständig und darf nur diese benutzen.

Nachdem die Anfangsmannschaft einige Gegenstände aus ihrem Vorrat in ihre Waagschale gelegt und die Waage somit aus dem Gleichgewicht gebracht hat, legen die Parteien abwechselnd einige Objekte aus dem eigenen Vorrat in ihre Waagschalen und versuchen so, die Waage ins Gleichgewicht zu bringen. Allerdings muss vor dem Hineinlegen entschieden werden, wie viele Objekte gelegt werden sollen. Kommt die Waage nicht ins Gleichgewicht, kann die Gegenpartei durch Wegnehmen oder Hinzulegen von Objekten in der eigenen Waagschale ihrerseits versuchen, das Gleichgewicht herzustellen. Aber auch hier gilt: Vor der Ausführung der Handlung muss festgelegt werden, wie viele Gegenstände entfernt oder hinzugefügt werden sollen.

Die Runde wird von der Partei gewonnen, die das Gleichgewicht hergestellt hat. Die nächste Runde beginnt mit anderen Materialien.

Kassenzettel schätzen

■ **Inhalte und Ziele:**
- Runden von Kommazahlen
- Überschlagsrechnung

■ **Anzahl der Spieler/Parteien:** 2 bis 5

■ **Material:** Uhr mit Sekundenzeiger, Kassenzettel mit drei bis fünf Positionen, bei denen der Endbetrag abgeschnitten und auf der Rückseite notiert ist (auf Dauer lohnt es sich, die Kassenzettel zu vergrößern und auf Karteikarten zu kleben), Notizblätter, Stifte

■ **Verlauf:**
Die Kinder sitzen im Halbkreis. Der Spielleiter legt einen Kassenzettel vor und kontrolliert die Zeit. Innerhalb eines festgelegten Zeitraumes versucht jeder Spieler, den Endbetrag möglichst genau zu schätzen. Alle notieren ihre Schätzung, dann wird mit dem Endbetrag verglichen. Wer am nächsten liegt, darf den Kassenzettel behalten.

■ **Variante:**
Die Anforderungen können durch Vergrößerung der Anzahl der Positionen und durch Verkürzung der Zeit erhöht werden.

Mehr als 1 Million

■ **Inhalte und Ziele:**
- Beachten der Stellenwertschreibweise bei großen Zahlen

Quelle: REGELEIN 1994, S. 22 f.

■ **Anzahl der Spieler/Parteien:** 2 bis ca. 6

■ **Material:** drei Würfel, Notizblatt, Stift

■ **Verlauf:**
Es werden mehrere Runden gespielt. Nach dem Wurf notiert der Spieler seine Augenzahl wie folgt:

1 Auge	=	1 000 000
2 Augen	=	20 000
3 Augen	=	3 000
4 Augen	=	400
5 Augen	=	50
6 Augen	=	6

Wer am Ende die meisten Punkte hat, gewinnt.

Claim abstecken

■ **Inhalte und Ziele:**
  - Erfahrungen zum Flächenumfang
  - Erfahrungen zum Flächeninhalt

Quelle: RADATZ/RICKMEYER 1991, S. 78

■ **Anzahl der Spieler/Parteien:** 2

■ **Material:** Rechteck aus Kästchenpapier als Spielfeld, zwei Würfel, zwei verschiedenfarbige Stifte

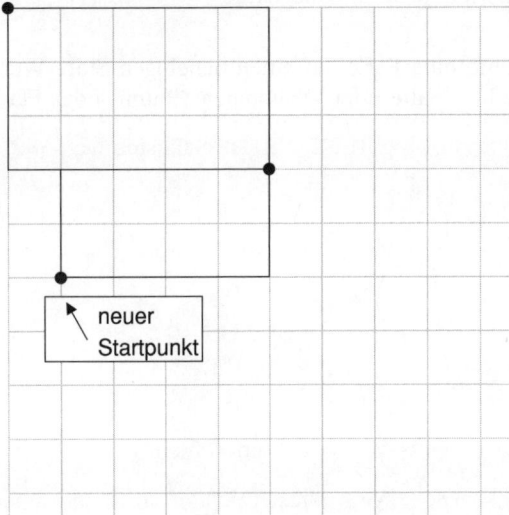

■ **Verlauf:**
Eine der Ecken des Spielfelds wird als Startpunkt markiert. Abwechselnd wird mit beiden Würfeln gewürfelt. Die gewürfelten Augenzahlen legen die Seitenlängen des abzusteckenden Claims (Rechteck) fest. Würfelt der erste Spieler 5 und 3, so malt er – beim Startpunkt beginnend – in seiner Farbe ein 5 × 3-Rechteck oder ein 3 × 5-Rechteck. Als neuer Startpunkt wird die dem alten Startpunkt diagonal gegenüberliegende Ecke des gerade gezeichneten Claims bestimmt. Nun würfelt der Mitspieler. Er steckt seinen Claim ebenfalls ab, beginnend beim neuen Startpunkt. Nach Einzeichnen des Claims wird in der beschriebenen Weise wiederum ein neuer Startpunkt festgelegt.
Kann kein Rechteck auf dem Spielfeld mit den gewürfelten Zahlen gezeichnet werden, setzt der Spieler aus. Gewonnen hat, wer am Ende die größte Gesamtfläche mit seinen Claims erzielt hat.

Kubikmühle

■ **Inhalte und Ziele:**
 – Entwickeln der Raumvorstellung
 – Entwickeln der räumlichen Wahrnehmung
 – Schulen der Konzentrationsfähigkeit

Quelle: RADATZ/RICKMEYER 1991, S. 170

■ **Anzahl der Spieler/Parteien:** 2

■ **Material:** Grundbrett mit 4 × 4 (= 16) Holzstäben, senkrecht auf das Grundbrett gesteckt, 64 Holzperlen, je 32 in einer Farbe

■ **Verlauf:**
Die Spieler stecken abwechselnd eine Perle auf einen beliebigen Stab. Wer zuerst vier Perlen in einer Reihe/Spalte oder Diagonalen (Raum- oder Flächendiagonale) hat, ist Sieger.

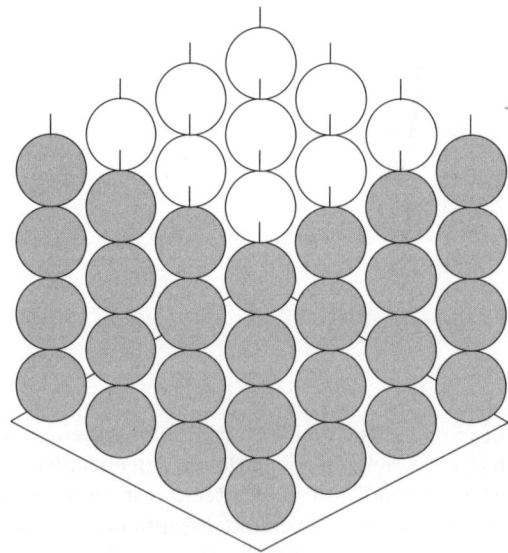

2. Fertigkeiten produktiv üben

Die Klage der Öffentlichkeit, dass Kinder und Jugendliche nicht mehr rechnen könnten, ist kein Phänomen unserer Zeit, sondern eine Meinung, die sich über Jahrzehnte zurückverfolgen lässt, ohne dass – trotz vielfältiger didaktischer und unterrichtspraktischer Bemühungen – eine spürbare Verbesserung zu verzeichnen wäre. Auch nach der zum Teil radikalen Abwendung von der „Mengenlehre" und der damit einhergehenden Forderung nach verstärkter Übung in Richtlinien und Lehrplänen konnte der beklagte Mangel noch nicht spürbar behoben werden.

Ein wesentlicher Grund hierfür mag darin liegen, dass sich die neueren Erkenntnisse aus der Psychologie und die mathematikdidaktischen Bemühungen an den Hochschulen nur sehr langsam in die schulische Unterrichtspraxis umsetzen. Allzu oft verharren Lehrerinnen und Lehrer in traditionellen Vorstellungen und Verfahren in Bezug auf die Vermittlung des „Lehrstoffes", die in der Regel leicht überprüfbar und für Außenstehende weitgehend begreifbar sind. Sie verzichten damit auf eine wesentliche Komponente ihres Unterrichts, die eine konstruktive Auseinandersetzung der Kinder mit rechnerischen und mathematischen Problemen eröffnet.

Gerade im Mathematikunterricht ist das Festhalten an einem gesteuerten Lernprozess heute noch unverkennbar. FRICKE/BESUDEN (1970) kritisieren bereits Ende der sechziger Jahre diese Art des Lernens, die sie mit dem Ersteigen einer Leiter oder einer Treppe vergleichen, bei der man Stufe für Stufe erklimmt. Je kleiner und unmerklicher die Stufen aufeinander folgen, um so besser lässt sich der Höchststand erreichen. Bezogen auf den mathematischen Lernprozess, stellen FRICKE/BESUDEN fest, dass der Lehrstoff in der Regel in seine Teile zerlegt wird und diese dann „in eine schwierigkeitsgradige und dem logischen Zusammenhang entsprechende Reihenfolge" (FRICKE/BESUDEN 1970, S. 82) gebracht und schrittweise erarbeitet werden.

Diesem linearen und sukzessiven Ablauf des Lernprozesses setzen FRICKE und BESUDEN in den siebziger Jahren die Methode entgegen, die im Sinne einer operativen Gesamtbehandlung mathematischer Probleme die Entwicklung des flexiblen Denkens der Kinder im rechnerisch-mathematischen Bereich anbahnt, fördert und festigt.

Hierzu gehört auch das Rechnen, das auf vielfältige Weise im Unterricht geübt werden muss. FRICKE und BESUDEN treten dafür ein, dass auch das Üben von Techniken mit Einsicht verbunden sein soll, um auf jeder Ebene die Fähigkeit der Kinder zu selbstständigem, produktivem Denken zu entwickeln und zu stabilisieren. Operatives Lernen wird von ihnen als die Kardinalaufgabe des mathematischen Unterrichts angesehen.

Ende der achtziger Jahre werden die Ideen des operativen Lernens und der operativen Methode vornehmlich von E. CH. WITTMANN und G. N. MÜLLER im Projekt *mathe 2000* didaktisch neu belebt und weiterentwickelt. Auch diese beiden Mathematikdidaktiker vertreten die Meinung, dass das Üben von Fertigkeiten nicht in stereotyper Abfolge eingeübter Schemata erfolgen darf, sondern im Sinne einer produktiven Auseinandersetzung mit einem rechnerischen Problem immanent geleistet werden sollte.

Bezogen auf das Thema des vorliegenden Buches, bedeutet das den Verzicht auf Arbeitsmittel und Spiele, die lediglich ein schematisches Rechnen erfordern, wie beispielsweise das Ausmalen von Bildern nach vorab zusammenhanglos ausgeführten Rechenaufgaben. Automatisierung von Fertigkeiten bleibt zwar unumgänglich, sie sollte aber über Spielideen transportiert werden, die im Hintergrund strategisches Verhalten und geschicktes Taktieren ermöglichen.

Rummikub erlaubt das produktive Üben einer ganzen Reihe von Fertigkeiten, die im 1. Schuljahr erworben werden. Die Verwandtschaft mit dem Kartenspiel *Rommee* ist offensichtlich. *Zahlen erobern* ermöglicht das Addieren und Subtrahieren in kleinen Zahlenräumen, *Take ten* bezieht das Ergänzen mit ein. Dieses Spiel stammt, wie auch das in diese Sammlung aufgenommene *Mattix* (Kapitel 4), aus Israel und wurde Anfang der neunziger Jahre in Deutschland zum Kauf angeboten. Leider blieben die Spiele wenig beachtet, so dass aktuelle Vertriebsadressen den Autoren nicht bekannt sind. Die Spielideen lassen sich aber auch ohne das Originalmaterial nachgestalten.

15 gewinnt verlangt die Addition auch mehrerer Summanden und damit die Anwendung des Assoziativgesetzes. Der *Kinder-Knoten* ist nicht nur wegen der damit verbundenen akrobatischen Bewegungen ein großer Spaß für die Kinder, sondern schult die Bildung von Additions- und Subtraktionstermen.

Für den Basisbereich und für die Geometrie wird verwiesen auf *Musterwürfel*, die im Kapitel 1 (S. 16) vorgestellt wurden.

Im 2. Schuljahr kann das Trainieren des mündlichen Rechnens im Hunderterraum für Kinder eine reizvolle Beschäftigung sein, wenn die Aufgaben nicht stereotyp vorgegeben sind, sondern durch geschicktes Kombinieren von Zahlen selbst gebildet werden müssen. Auch sollen Addieren, Subtrahieren und Multiplizieren in einen rechnerischen Zusammenhang gebracht werden. Ein hierfür geeignetes Rechen- und Kombinationsspiel ist das im Handel erhältliche *Trio*.

Zur Festigung des Einmaleins wird in *Dreiecke fangen* die Aufgabe gestellt, Einmaleinszahlen in Faktoren zu zerlegen.

1 × 1-Blockade verbindet die Einmaleinszahlen mit dem gesamten Hunderterraum und betont den Zusammenhang zwischen Aufgabe und Ergebnis.

Die Spiele *Himmel und Hölle* und *Strohhalmspiel* sind dem Addieren und Subtrahieren zuzuordnen. Angefangen von der Addition einer Zehnerzahl mit einer Einerzahl bis hin zu Ergänzungsübungen werden alle wesentlichen Bereiche angesprochen. Schätzen, Messen und Rechnen mit Größen als wichtige Fertigkeiten beim Sachrechnen werden durch *Boccia* und *Geld abheben* in spielerischer Form berücksichtigt. Mit der *Zentimeterschrift* werden Bereiche vom Codieren über Messen bis hin zum Rechnen miteinander verbunden. Es ist sicherlich eine interessante Alternative zu den häufig als Kopiervorlagen angebotenen Übungsvorräten, deren Kontrolle über Schlüsselwörter erfolgt.

In Klasse 3 stehen die schriftlichen Rechenverfahren zur Addition und Subtraktion an. *Zauberzahlen* unterstützen das Üben in diesem Bereich und sollen daher diesen Abschnitt einleiten. Das *Wabenspiel* begleitet auch halbschriftliche Rechenverfahren, deren Bedeutung im Zeitalter der Elektronik ganz neue Akzente erhalten hat. „Im Gegensatz zu **schriftlichen Rechenverfahren**, bei denen nur mit **Ziffern** operiert wird, stützen sich halbschriftliche Verfahren auf **Zahlvorstellungen** und **Zahlbeziehungen**" (WITTMANN/MÜLLER 1990, S. 82, Hervorhebungen im Original).

Hasenjagd bleibt noch im Zahlenbereich des 2. Schuljahres, verlangt aber eine ziemliche Geläufigkeit in der Verfügbarkeit der Rechenoperationen, so dass es zu Beginn und auch noch während der Klasse 3 gut geeignet ist. *Zahlenfußball* ist an vielen Schulen und in zahlreichen Variationen schon ab dem 1. Schuljahr bekannt. Hier wird es dem Tausenderraum angepasst.

Das Einführungsbeispiel für Klasse 4 setzt einen Schwerpunkt im geometrischen Bereich. Bei *Schauen und Bauen* werden Kenntnisse über Grundriss und Seitenansicht im Zusammenhang angewendet und geübt. Der Bereich wird ergänzt durch *Quaderkippen*.

Das einfache Würfelspiel *Rentmeister* bezieht Multiplizieren und Addieren in größeren Zahlenräumen ein und kann besonders zu Beginn des 4. Schuljahres im Rahmen wiederholender Übungen Verwendung finden. Dividieren und Teilereigenschaften werden beim *Teilerrennen* angesprochen.

1. Fertigkeiten produktiv üben in Klasse 1

Rummikub

Dieses Spiel kann gegen Ende der ersten Klasse, wenn bereits erste Orientierungen im Hunderterraum vorgenommen wurden, als sinnvolles Spiel im Mathematikunterricht, in der Freiarbeit oder im Förderunterricht eingesetzt werden.

Beim ersten Einsatz im Unterricht ist es sinnvoll, jeweils mit Partnergruppen zu spielen, da sich die Kinder untereinander über eine Strategie verständigen und somit besser die Möglichkeiten des Manipulierens nutzen können.

■ Inhalte und Ziele:
- Klassifizieren von Spielsteinen nach Farbe und Wert
- Beherrschen der linearen Ordnung der Zahlen bis 13
- Anwenden der Vorgänger-/Nachfolgerbeziehung
- Unterscheiden von Zahlen nach ihrem kardinalen bzw. ordinalen Aspekt
- Addieren von Zahlen bis 13 (ohne und mit Zehnerüberschreitung) bis zu einem Höchstwert von mindestens 30
- Addieren mehrerer Summanden (Kettenaufgaben)

Quelle: Rummikub ist der Markenname für das aus Israel stammende Originalspiel. Es wird bei Jumbo unter der Bestellnummer 3466 vertrieben und wurde im Jahre 1980 als „Spiel des Jahres" ausgezeichnet.

■ Anzahl der Spieler/Parteien: 2 bis 4

■ Material: 106 Spielsteine (es sind Zahlen von 1 bis 13 aufgedruckt, jeweils zwei Sätze in den Farben Schwarz, Rot, Blau und Gelb. Zwei Spielsteine sind als Joker gekennzeichnet), vier Spielbretter mit Halterung, auf die die Spielsteine verdeckt aufgesteckt werden können

■ Verlauf:
Ziel des Spieles ist es, als erster seine Spielsteine auszulegen.
Spielregeln:
1. Alle Spielsteine werden mit den Zahlen nach unten auf den Tisch gelegt und gut vermischt. Jeder Spieler oder jede Spielergruppe zieht nun einen Spielstein. Wer die höchste gezogene Zahl hat, beginnt das Spiel. Die anderen Spieler oder Spielergruppen folgen im entgegengesetzten Uhrzeigersinn.
2. Alle restlichen Spielsteine werden in Stapeln zu sieben aufgeschichtet; der letzte Stapel enthält acht Spielsteine. Jeder Spieler oder jede Spielergruppe nimmt sich nun zwei Stapel zu je sieben Spielsteinen und ordnet sie in verschiedenen Reihen verdeckt für die Mitspieler auf seinem Spielbrett an.

3. Es müssen Reihen von mindestens drei Steinen gebildet werden. Dabei können Gruppen mit gleichen Zahlen entstehen, die unterschiedliche Farben haben, oder Reihen mit einer Reihenfolge von Zahlen in gleicher Farbe.
4. In der ersten Runde des Spiels legt jeder, der mindestens 30 Punkte auslegen kann, seine Gruppen oder Reihen mit den Zahlen nach oben auf den Tisch. Die 30 Punkte können entweder aus einer einzigen Reihe oder aus mehreren Reihen oder Gruppen bestehen. Wer an der Reihe ist und nicht auslegen kann, muss einen Stein aus dem Pool nehmen und für diese Runde aussetzen. Der Joker kann in die Gruppen oder Reihen integriert werden. Er zählt die Zahl, die durch ihn ersetzt wird. Wenn die Spieler oder Spielergruppen ihre 30 oder mehr Punkte ausgelegt haben, dürfen sie mit allen ausgelegten Spielsteinen „manipulieren".
5. Manipulieren bedeutet, dass jeder Spieler, wenn er an der Reihe ist, auch die ausgelegten Steine der anderen umbauen oder von seinem Spielbrett Steine an andere Gruppen und Reihen anlegen darf. Auch der Joker darf entsprechend ausgetauscht werden, jedoch muss er direkt wieder zum Einbauen oder Ansetzen benutzt werden. Jeder sollte darauf bedacht sein, seine Steine so schnell wie möglich wegzubekommen.

Spielgewinn: Hat ein Spieler alle Steine von seinem Brett ausgelegt, ist er Sieger.

Die anderen zählen die Punkte der Steine zusammen, die noch auf ihrem Brett liegen. Diese Punkte werden als „Minuspunkte" für jeden Spieler getrennt berechnet und aufgeschrieben. Dem Sieger wird die Summe aller Minuspunkte seiner Mitspieler gutgeschrieben.

■ Varianten:

Rummikub ist ein Spiel, bei dem die Spieler – nach vorheriger Absprache – weitere Spielregeln hinzufügen oder bestehende Regeln abändern können.

Eine sehr beliebte Variante ist, dass jeweils der Spieler, der an der Reihe ist, immer einen Spielstein aus dem Pool nehmen muss, egal ob er auslegen kann oder nicht, und auch wieder einen Stein ablegen muss.

Zahlen erobern

■ **Inhalte und Ziele:**
– Addieren und Subtrahieren im Zahlenraum bis 20.

Quelle: MÖLLER/FLOER 1985, S. 66 f.

■ **Anzahl der Spieler/Parteien:** 2

■ **Material:** Spielplan mit 5 × 4 Feldern mit den Zahlen von 0 bis 12 (manche Zahlen treten ohne eine Systematik häufiger auf), 20 Wendeplättchen, zwei Würfel

0	2	8	7	6
12	10	7	5	4
1	2	0	3	12
3	4	7	5	6

■ **Verlauf:**
Abwechselnd werden die Würfel geworfen und ihre Augenzahlen addiert oder subtrahiert. Findet man zum Ergebnis ein freies Feld im Spielplan, so belegt man es mit einem Wendeplättchen. Der eine Spieler verwendet die rote, der andere die blaue Seite der Plättchen. Gibt es kein passendes Zahlenfeld, wird kein Plättchen gelegt und der andere Spieler darf würfeln. Sind alle Felder belegt, hat der Spieler gewonnen, der die meisten Plättchen legen konnte.

■ **Varianten:**
1. Man darf bei einem Wurf auch zwei Felder belegen, eines durch Addieren, das andere durch Subtrahieren.
2. Ein Startfeld wird festgelegt, danach dürfen nur Felder belegt werden, die an schon belegte angrenzen.
3. Es wird mit drei Würfeln gespielt bei freier Kombination von Addieren und Subtrahieren. Hier können auch Zahlen von 0 bis 18 eingetragen werden.
4. Vergrößert man das Spielfeld auf mindestens 6 × 6 Felder, können die Spielregeln von *Vier gewinnt* übernommen werden. Gewonnen hat dann der Spieler, der zuerst eine senkrechte, waagerechte oder diagonale Reihe mit vier Plättchen belegt hat.

Take ten

■ **Inhalte und Ziele:** – Rechnen im Zahlenraum bis 10
– Ergänzen

Quelle: Att. Ljoeba Dayan, Orda Industries, Kibbuz Malkia, Israel 13845, ausführlich kommentiert in: *Die Grundschulzeitschrift*, Heft 52/1992, S. 46 f.

■ **Anzahl der Spieler/Parteien:** 2 bis 4

■ **Material:** Spielplan mit 4 × 4 Ablagefeldern für Zahlenkarten, 65 Zahlenkarten mit den Zahlen von 1 bis 7 (kleine Werte häufiger als größere), zwei Jokerkarten, die an Stelle jeder Zahlenkarte verwendet werden dürfen

■ **Verlauf:**

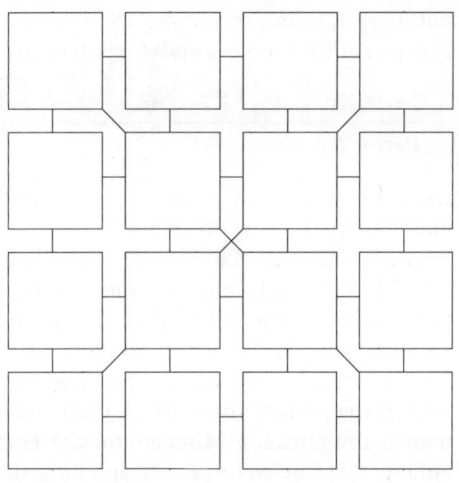

Die Karten werden gemischt. Jeder Spieler erhält drei Karten, der Rest wird verdeckt gestapelt. Reihum legen die Kinder eine ihrer Karten offen auf ein freies Feld des Spielplanes und ziehen vom Stapel eine neue Karte. Wer eine Karte so ablegen kann, dass eine senkrechte, waagerechte oder diagonale Reihe mit vier Feldern entsteht, die in der Summe der Kartenwerte genau zehn ergibt, sammelt diese Karten ein und legt sie zur Seite. Gewonnen hat, wer am Ende die meisten Karten gesammelt hat. Hat ein Spieler nur hohe Kartenwerte in der Hand, führt die Ablage einer dieser Karten unter Umständen dazu, dass in dieser Reihe der Summenwert 10 überschritten wird. Damit ist die Reihe blockiert. Da aber durch Abräumen von Reihen immer wieder Karten vom Spielfeld entfernt werden, ist die Gefahr einer vollständigen Blockade des Spielfeldes gering.

■ **Variante:**

Ältere Kinder spielen am besten zu zweit oder zu zwei Parteien, weil so die Spieltaktik in den Vordergrund rückt. Jetzt werden Reihen bewusst blockiert und das Legen einer dritten Karte in einer Reihe ist mit der Überlegung verbunden, ob dem Gegenspieler eine Chance zur Vervollständigung der Reihe eröffnet wird. Da den Autoren keine zur Zeit aktuellen Vertriebsadressen in Deutschland bekannt sind, bleibt nur der Bestellversuch unter der angegebenen Adresse in Israel oder der Nachbau des Spieles.

15 gewinnt

■ **Inhalte und Ziele:**
  - Addieren mit mehreren Summanden
  - Anwenden des Assoziativgesetzes

Quelle: WITTMANN/MÜLLER 1990, S. 60

■ **Anzahl der Spieler/Parteien:** 2

■ **Material:** Zahlenkarten von 1 bis 9

■ **Verlauf:**

Die Karten liegen offen auf dem Tisch. Abwechselnd ziehen die beiden Spieler eine Karte und legen sie offen vor sich hin. Gewonnen hat die Partei, die zuerst mit ihren Karten die Summe 15 bilden kann. Dazu müssen nicht alle von ihr gezogenen Karten verwendet werden. Also:

Partei 1:	4	6	3	8	gewonnen!
Partei 2:	9	5	2		

Da es für den Beginner eine Gewinnstrategie gibt, müssen sich die Parteien mit dem Spielanfang abwechseln.

In GARDNER (1981, 124 f.) findet sich dazu eine einfach illustrierte Geschichte, die sich sicherlich auch für eine Einführungsgestaltung des Spieles in der Grundschule eignet und daher hier in Auszügen wiedergegeben wird: „Wenn auf dem Land das Schützenfest naht, wird jedermann von Vorfreude erfasst ... Dieses Jahr gibt es ein neues Spiel, genannt *Die glückliche 15*. Herr Schlitz: ‚Hereinspaziert, meine Herrschaften, die Regeln sind ganz einfach. Wir legen immer abwechselnd Münzen auf die Felder 1 bis 9. Es ist ganz gleich, wer anfängt. Sie spielen mit Fünfzigpfennigstücken und ich mit Fünfmarkstücken. Wer zuerst drei Zahlen setzt, deren Summe 15 ergibt, bekommt das ganze Geld, das auf dem Spieltisch liegt.'

Wir wollen einmal ein typisches Spiel beobachten. Die Dame fängt an und legt einen Fünfziger auf die 7. Die 7 ist nun besetzt und kein Spieler darf noch einmal auf dieses Feld setzen. Herr Schlitz legt ein Fünfmarkstück auf die 8. Als nächstes plaziert die Dame einen Fünfziger auf der 2, so dass sie mit einem weiteren Fünfziger auf die 6 die Summe 15 erreicht und das Spiel gewonnen hätte. Herr Schlitz verhindert das, indem er ein Fünfmarkstück auf die 6 legt. Nun kann er gewinnen, wenn er das nächste Mal auf die 1 setzt. Die Dame bemerkt die Gefahr und verhindert seinen Sieg, indem sie einen Fünfziger auf die 1 legt. Schlitz verkneift sich ein Lächeln, als er sein nächstes Fünfmarkstück auf die 4 legt. Die Dame sieht, dass er mit dem nächsten Zug gewinnen kann, wenn er auf die 5 setzt, und muss ihm zuvorkommen. Sie legt also einen

Fünfziger auf die 5. Jetzt aber setzt Schlitz ein Fünfmarkstück auf die 3 und gewinnt, denn 8 plus 4 plus 3 ist 15. Die Dame hat zwei Mark verloren. ..."

■ **Varianten:**
1. Durch Veränderung der Zielzahl gibt es andere Spielabläufe.
2. Werden die Karten vom verdeckten Stapel gezogen und erst dann offen hingelegt, geht der Strategieaspekt zu Gunsten des Glücks verloren. Aber auch hier müssen beide Parteien immer ihre gezogenen Zahlen im Blick haben und ständig neue Kombinationen durchrechnen.

Kinder-Knoten

■ **Inhalte und Ziele:**
  – Bilden von Additions- und Subtraktionstermen

Quelle: RADATZ/SCHIPPER 1983, S. 189

■ **Anzahl der Spieler/Parteien:** 3 bis 6

■ **Material:** Spielfeld mit 5 × 4 quadratischen Feldern auf dem Fußboden (Kantenlänge ca. 40 cm), die Felder werden von 1 bis 20 durchnummeriert, Zahlenkarten von 1 bis 20

■ **Verlauf:**
Der Spieler zieht eine Karte und stellt sich mit den Füßen auf das entsprechende Zahlenfeld. Mit den Händen berührt er zwei weitere Felder, mit deren Zahlen er eine Rechenaufgabe zur Zahl des Standfeldes bilden kann.

Beispiel: Der Spieler steht auf der 14, weil er die entsprechende Karte gezogen hat, und berührt mit den Händen die Felder mit den Zahlen 9 und 5 (9 + 5 = 14) oder 18 und 4 (18 – 4 = 14). Er behält seine Position bei, während der nächste Spieler mit einer anderen Zahlenkarte seine Aufgabe bildet. Nach wenigen Runden gibt es auf dem Spielfeld ein großes Durcheinander, eben einen Kinder-Knoten.

1	2	3	4	5
6	7	8	9	10
11	12	13	14	15
16	17	18	19	20

2. Fertigkeiten produktiv üben in Klasse 2

Rechnen im Kopf hat nichts von seiner Bedeutung für das schnelle Wiedergeben und sichere Beherrschen der Grundaufgaben des 1 + 1 und 1 · 1 verloren. Wenig Sinn macht aber ein schematisches Abarbeiten von isolierten Aufgaben. Fertigkeiten können auch und mit viel höherer Effizienz geübt werden, wenn Zusammenhänge thematisiert und flexibles Hantieren mit Zahlen und Operationen gefördert werden. So lässt produktives Üben entdeckendes Lernen zu.

Trio

■ **Inhalte und Ziele:**
- Verknüpfen von Multiplikation und Addition bzw. Subtraktion
- Dividieren mit und ohne Rest (Variante a)
- Finden von 1 · 1-Aufgaben zu 1 · 1-Ergebnissen (Variante b)
- Erkennen von 1 · 1-Reihen über 1 · 1-Zahlen (Variante c).

Quelle: Ravensburger Spiele Nr. 00 358 7, Varianten in Anlehnung an ZÜRCHER 1991, S. 121 f.

■ **Anzahl der Spieler/Parteien:** 1 bis 6

■ **Material:** 49 Zahlenkärtchen (quadratisch), 50 Zahlenchips (rund). Die 49 quadratischen Zahlenkärtchen sind mit den Ziffern von 1 bis 9 bedruckt. Dabei ergeben sich folgende Häufigkeiten: 4-mal die Ziffer 9, 5-mal jeweils die Ziffern 1, 7 und 8, 6-mal jeweils die Ziffern 2, 3, 4, 5 und 6. Die 50 runden Zahlenchips sind mit den Zahlen von 1 bis 50 bedruckt.

■ **Verlauf:**
1. Die 49 quadratischen Ziffernkärtchen werden gemischt und mit der Ziffer nach oben in einem Feld mit sieben Reihen zu je sieben Kärtchen angeordnet. Die runden Zahlenchips werden verdeckt in einen Behälter gelegt.
2. Die Kinder einigen sich darauf, wer das Spiel beginnt und in welcher Reihenfolge gespielt werden soll.
3. Das erste Kind legt einen der runden Zahlenchips offen auf den Tisch, so dass alle die aufgedruckte Zahl sehen können.
4. Jedes Kind versucht nun, unter den 49 ausgelegten quadratischen Zahlenkärtchen drei waagerecht, senkrecht oder diagonal zueinander liegende Ziffern zu finden, mit denen man die aufgedeckte Zahl errechnen kann. Zwei der drei Ziffern sollen miteinander multipliziert, die dritte zu dem Ergebnis addiert oder davon subtrahiert werden. Achtung: Die drei Ziffern dürfen nicht in einem Winkel liegen!

Beispiel: 32 wird aufgedeckt:

$32 = 5 \cdot 7 - 3$ (also sucht man nach einer Reihe mit den Zahlen 5, 7, 3)
$32 = 6 \cdot 5 + 2$ (jetzt passt die Zahlenreihe 6, 5, 2)
$32 = 5 \cdot 8 - 8$ (bei dieser Lösung wird die Zahlenreihe 5, 8, 8 gebraucht).

Wer zuerst eine waagerechte, senkrechte oder diagonale Reihe mit drei Zahlen benennt, mit denen die Zielzahl berechnet werden kann, bekommt den Zahlenchip. Gewonnen hat, wer am Ende des Spiels die meisten Zahlenchips hat. (Zeitliche Limitierung oder Höchstzahl der gewonnen Zahlenchips vor Spielbeginn vereinbaren!)

■ **Varianten:**
Variante a: Spielregeln:
1. Die runden und eckigen Karten werden getrennt gemischt und verdeckt zu zwei Haufen zusammengelegt.
2. Eine runde und eine eckige Karte werden gezogen.
3. Die Zahl auf der runden Karte wird durch die Zahl auf der eckigen Karte geteilt.
4. Entsteht ein Rest, so wird dieser notiert.
5. Nach zehn Runden werden die Reste addiert. Sieger ist, wer den kleinsten/ größten Summenwert erhält.

Variante b: Spielregeln:
1. Die runden Karten sind aufgedeckt, die eckigen verdeckt.
2. Eine eckige Karte wird gezogen. Ihre Zahl ist der Divisor.
3. Eine runde Karte wird gesucht mit einer Zahl, die ohne Rest (mit Rest 1, 2, ...) durch den Divisor geteilt werden kann.
4. Gelingt die Division, darf die runde Karte behalten werden.
5. Wer sammelt die meisten runden Karten?

Variante c: Spielregeln:
1. Nur die runden Karten werden benutzt. Sie liegen offen aus.
2. Eine Karte wird gezogen.
3. Der Spieler überlegt sich eine 1 · 1-Reihe, zu der die Zahl auf der runden Karte passt. Er legt stillschweigend eine weitere Karte mit einer Zahl aus der gleichen 1 · 1-Reihe hinzu.
4. Die Mitspieler versuchen, die Reihe zu erraten. Wer es zuerst schafft, beginnt die nächste Runde.

Dreiecke fangen

■ **Inhalte und Ziele:**
- Verwenden multiplikativer Zerlegungen
- Dividieren und Zerlegen (Variante a)
- Addieren und Subtrahieren (Varianten b und c)

Quelle: *mathematik lehren*: Sammelband Spiele 1996, S. 61 f., in Anlehnung an Saldix (spear-Spiel 22110, im Handel nicht mehr erhältlich)

■ **Anzahl der Spieler/Parteien:** 2 bis 6

■ **Material:** Spielplan (Kopiervorlage 3, S. 106), 42 Spielsteine, Notizblatt, Stift

■ **Verlauf:**

Bei 4 oder 5 Spielern werden vorab Spielsteine auf die beiden besonderen Markierungen gesetzt. Danach werden alle Spielsteine gleichmäßig auf die Mitspieler verteilt. Die Reihenfolge wird festgelegt. Jeder Teilnehmer notiert die Zahlen von 1 bis 10 auf einem Notizblatt. Reihum wird ein Spielstein auf eine freie Dreiecksecke gelegt. Wer an der Reihe ist, muss ziehen. Wenn alle Dreiecksecken besetzt sind, ist das Dreieck gefangen. Nicht selten erwischt man mit einem Zug mehrere Dreiecke. Der Spieler sucht nun zu den Zahlen auf dem eroberten Dreieck oder den eroberten Dreiecken Einmaleinsaufgaben. Die benutzten Faktoren werden auf einem Notizblatt gestrichen.

Beispiel: Das Feld 42 wird eingefangen. Es lässt sich die Aufgabe 6 · 7 bilden. Der Spieler darf die Zahlen 6 und 7 auf seinem Notizzettel streichen oder – falls eine der beiden Zahlen gestrichen ist – die noch nicht gebrauchte Zahl. Sieger ist, wer zuerst alle Zahlen gestrichen hat oder die meisten Zahlen gestrichen hat, wenn alle Spielsteine gelegt sind.

■ **Varianten:**

Variante a: Zu den Zahlen werden Divisionsaufgaben gebildet. Wer kann alle (die meisten) Teiler streichen? Die Zahlenreihe auf dem Notizblatt dient als „Teiler-Verzeichnis".

Variante b (Addieren): Die eingekesselten Dreieckszahlen werden addiert (Überschreiten der 100 möglich). Wer erreicht das höchste Ergebnis?

Variante c (Addieren und Subtrahieren): Die gefangenen Zahlen dürfen addiert oder subtrahiert werden. Wer liegt am Spielende am nächsten an einer vorher vereinbarten Zielzahl?

1 × 1-Blockade

■ **Inhalte und Ziele:**
- Finden von 1 · 1-Aufgaben zu 1 · 1-Ergebnissen
- Erkennen von 1 · 1-Zahlen in der Hundertertafel

Quelle: WITTMANN/MÜLLER 1990, S. 133 f.

■ **Anzahl der Spieler/Parteien:** 2

■ **Material:** Hundertertafel mit Markierung der 1 · 1-Zahlen (zum Beispiel durch Einkreisen), Wendeplättchen

■ **Verlauf:**
Spielregeln:
1. Die Spieler legen abwechselnd.
2. Wer an der Reihe ist, nennt eine 1 · 1-Aufgabe und markiert das Ergebnis mit einem Wendeplättchen auf der Hundertertafel. Ein Spieler benutzt die rote Plättchenseite, der andere die blaue.
3. Markierte Zahlen und alle Zahlen in der gleichen Reihe und Spalte sind danach gesperrt und dürfen nicht mehr genannt werden.
4. Wer als letzter eine 1 · 1-Zahl markieren kann, hat gewonnen.

■ **Variante:**
Es wird eine Hundertertafel ohne Hervorhebung der 1 · 1-Zahlen verwendet.

Himmel und Hölle

■ **Inhalte und Ziele:**
- Addieren von Zehnerzahlen und Einerzahlen

Quelle: RADATZ/SCHIPPER 1983, S. 184

■ **Anzahl der Spieler/Parteien:** 2 bis 6

■ **Material:** zwei Würfel, Notizblätter und Stifte

■ **Verlauf:**
Nach dem Würfeln werden die oben liegenden Augenzahlen (Himmel) als Zehner und die unten liegenden (Hölle) als Einer gezählt. Zehner und Einer werden addiert. Danach würfelt der nächste Spieler. In jeder Runde gewinnt der Spieler, der die höchste Summe erreicht hat.

Strohhalmspiel

■ **Inhalte und Ziele:** – Addieren
– Zerlegen
– Ergänzen im Zahlenraum bis 100

Quelle: FORTHAUS 1985, S. 204 f.

■ **Anzahl der Spieler/Parteien:** 2 bis 5

■ **Material:** Strohhalme in vier Farben, aufbewahrt in vier Bechern mit dem jeweiligen Farbsymbol, mehrere Becher, beschriftet mit verschiedenen Zielzahlen im Zahlenraum bis 100, oder ein Becher und dazu Kärtchen mit verschiedenen Zielzahlen

■ **Verlauf:**
Den vier Strohhalmfarben sind die Werte 1, 2, 5 und 10 zugeordnet. Reihum wird ein Strohhalm frei gewählt und in den Zielbecher gesteckt. Gewonnen hat, wer im Verlauf des Spieles mit seinem Strohhalm genau die Zielzahl erreicht.
Nähert man sich der Zielzahl, entwickeln sich Überlegungen, wie man durch geschickte Auswahl des eigenen Strohhalmes dem nächsten oder übernächsten Spieler den Gewinn ermöglichen oder ihn verhindern kann.

■ **Variante:**
Das Spiel lässt sich genauso mit Spielgeld oder Geldmünzen gestalten (1 Pf-, 2 Pf-, 5 Pf-, 10 Pf-Stücke). Nacheinander wird ein Geldstück in die Mitte (Jackpot) geworfen, bis die vorher vereinbarte Geldsumme erreicht ist.

Boccia

■ **Inhalte und Ziele:** – Schätzen von Entfernungen
– Messen

Quelle: ROTH 1991, S. 58

■ **Anzahl der Spieler/Parteien:** zwei Mannschaften mit je vier Spielern

■ **Material:** vier gelbe, vier grüne Scheiben, eine kleinere rote Scheibe, ein Maßband, Notizblatt, Stift

■ **Verlauf:**
Auf dem Boden wird eine Abwurflinie markiert. Zuerst wird die rote Scheibe, die als Zielscheibe dient, geworfen. Dann werfen die beiden Mannschaften abwechselnd, eine Mannschaft mit den gelben Scheiben, die andere mit den grünen. Die Scheiben sollen möglichst nahe an das Ziel herankommen. Sind

alle Scheiben geworfen, wird gemessen. Für jede Scheibe, die näher als 10 cm an der Zielscheibe liegt, bekommt die Mannschaft 3 Punkte, für jede Scheibe mit einem Abstand zum Ziel im Bereich von 10 bis 20 cm einen Punkt.

■ **Variante:**
Alle vier Abstände werden addiert. Es gewinnt die Mannschaft, deren Summe am kleinsten ist.

Geld abheben

■ **Inhalte und Ziele:** – Rechnen mit Geld (Addieren, Ergänzen)

Quelle: REGELEIN 1994, S. 43

■ **Anzahl der Spieler/Parteien:** 2 bis 4

■ **Material:** Spielgeld, Notizblatt, Stift

■ **Verlauf:**
Es dürfen schrittweise mindestens 1 DM, höchstens 10 DM von 100 DM abgehoben werden. Wer das letzte Geld wegnehmen muss, hat verloren. Bei jedem Schritt wird der entsprechende Betrag aus der Spielkasse genommen und in den Jackpot gelegt. Außerdem wird der Betrag notiert und von der noch vorhandenen Summe subtrahiert.

■ **Varianten:**
1. Es dürfen nur Beträge zwischen 2 und 13 (14) DM abgehoben werden.
2. Es darf immer nur ein Geldstück bzw. Geldschein abgehoben werden.
3. Umkehrung „Geld einzahlen". Es wird so lange Geld eingezahlt, bis ein vorher vereinbarter Betrag erreicht ist. Wer zuletzt einzahlen kann, hat gewonnen. Auch hier sind die angegebenen Varianten möglich.

Zentimeterschrift

■ **Inhalte und Ziele:**
– Codieren und Decodieren von Zahlen/Buchstaben
– Trainieren des Messens mit dem Lineal
– Rechnen mit benannten Zahlen (Zentimeter)

Quelle: Vorlage zu einem Computerprogramm, 1995 entwickelt von S. BO-BROWSKI für das nordrhein-westfälische Landesinstitut für Schule und Weiterbildung

■ **Anzahl der Spieler/Parteien:** 2

■ **Material:** Papier, Bleistifte, Lineal

■ Verlauf:

Die Kinder hören die Geschichte von „Ede im Gefängnis". Ede hat zwar Papier, Bleistift und sogar ein Lineal, aber er darf keine Briefe schreiben. Da kommt ihm eine Idee. Er malt Striche und Punkte und gibt so seine Nachrichten weiter.

Die Kinder sprechen über die geheime Botschaft, die entschlüsselt werden soll. Dabei erfahren sie, wie der vorgegebene Text entschlüsselt bzw. wie ein neuer Text verschlüsselt werden kann. Jeder Buchstabe wird durch eine Länge dargestellt (1 cm für „e", 2 cm für „n", 3 cm für „r" usw.). Im Original haben die Linien eine Länge von 10 cm pro Zeile. Diese Art der Notation bringt den Effekt mit sich, dass die Kinder Teilstücke von Längen addieren bzw. eine bestimmte Länge in Teilstücke zerlegen müssen. Auf diese Weise wird das Rechnen mit benannten Zahlen auf sinnvolle Weise geübt und beim Aufzeichnen einer Botschaft das Messen und Zeichnen mit dem Lineal trainiert.

Haben die Kinder die Botschaft gemeinsam entschlüsselt, steht dem Schreiben und Lesen von Geheimnachrichten nichts mehr im Wege.

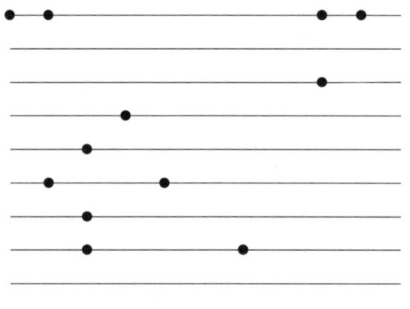

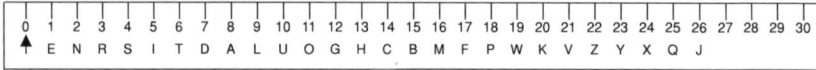

3. Fertigkeiten produktiv üben in Klasse 3

Zauberzahlen

■ **Inhalte und Ziele:**
  - Trainieren der schriftlichen Addition und Subtraktion

Quelle: METZNER 1997

■ **Anzahl der Spieler/Parteien:** 1 bis 2

■ **Material:** ein Spielplan, der dem Grundraster der schriftlichen Addition und Subtraktion entspricht, zehn Zahlsteine (aus Holz gefertigt) mit den Ziffern von 0 bis 9 sowie zwei kleinere Zahlsteine für die Zehner- bzw. Hunderterüberträge, zwei Steine mit den Zeichen + und –, 48 Aufgabenkarten mit über 500 Übungsaufgaben.

H	Z	E
	5	1
+		9
6		8

■ **Verlauf:**

Zur Lösung der Aufgaben müssen den Spielern die Verfahren der schriftlichen Addition und Subtraktion bekannt sein.

Die Aufgabe besteht darin, Additions- bzw. Subtraktionsaufgaben aus zwei dreistelligen Zahlen zu bilden. Die vollständige Aufgabe muss nach erfolgter Lösung immer aus den verschiedenen Ziffern zusammengesetzt sein. Die Karten 1 und 2 bzw. 25 und 26 beinhalten Aufgaben, in denen die beiden zu addierenden bzw. zu subtrahierenden Zahlen (sechs Ziffern) vorgegeben sind. Diese Karten können relativ problemlos von einem Kind gelöst werden. Die Lösungen für die Aufgaben auf den weiteren Karten, bei denen nur 5 oder weniger Ziffern vorgegeben sind, müssen durch Probieren oder logisches Denken gefunden werden. Hier empfiehlt es sich, zwei Kinder zusammen arbeiten zu lassen, damit beide in argumentativer Auseinandersetzung eine gemeinsame Strategie entwickeln. Dies gilt insbesondere für Aufgaben mit mehreren Lösungen.

Die Karten 24 und 48 bieten zusätzlich die Möglichkeit, durch Bildung eigener Zahlenkombinationen selbstständig Aufgaben zu suchen und zu lösen.

Die Motivation zur Übung der schriftlichen Addition und Subtraktion wird durch die Spielsteine aus Holz begünstigt, da sie rasch an verschiedene Positionen gelegt werden und unter Verzicht langwieriger Schreibübungen unmittelbar Lösungsideen verwirklichen oder Zustände verändern können.

Zauberzahlen ist auch als PC-Version auf Diskette erhältlich.

Wabenspiel

■ **Inhalte und Ziele:** – Addieren, Subtrahieren und Ergänzen
– Anwenden halbschriftlicher Rechenverfahren

Quelle: in Anlehnung an eine Spielidee in: SNAPE/SCOTT 1995 (2), S. 12

■ **Anzahl der Spieler/Parteien:** 1 bis 4

■ **Material:** Spielplan (Kopiervorlage 4, S. 107), Markiersteine, Notizblatt, Stift

■ **Verlauf:**
Eine Zielzahl wird vereinbart und unter das Zielfeld am unteren Ende des Spielplanes geschrieben. Jeder Spieler überlegt sich in einer festgelegten Zeit, beginnend beim Startfeld, einen Weg durch die Waben. Man darf nach unten und zur Seite laufen, nicht jedoch nach oben. Die Zahlen auf den betretenen Waben müssen zum Rechnen verwendet werden. Am Ende des Weges und aller Rechnungen muss die Zielzahl erreicht sein. Wer findet einen Weg? Wer findet den kürzesten Weg?

■ **Varianten:**
1. Bei seitlichen Bewegungen muss man nicht alle Wabenzahlen beim Rechnen verwenden, sondern nur die Zahlen, die man braucht. Für die Weglänge zählen aber die betretenen Waben trotzdem mit. Diese Variante macht das Auffinden eines Weges leichter. Die Frage nach dem kürzesten Weg dagegen wird bedeutsamer für die Ermittlung des Siegers.
2. Auch Multiplizieren und Dividieren ist erlaubt.

Hasenjagd

■ **Inhalte und Ziele:** – Addieren, Subtrahieren im Zahlenraum bis 100
– Einmaleins anwenden

Quelle: REGELEIN 1994, S. 53

■ **Anzahl der Spieler/Parteien:** ab 2

■ **Material:** Karten für „Hasen" (zum Beispiel mit den Zahlen von 80 bis 85) und für „Schüsse" (zum Beispiel mit den Zahlen von 3 bis 8)

■ **Verlauf:** Die Hasen müssen mit Schüssen erledigt werden. Anzahl und Reihenfolge der verwendeten Schusskarten sind beliebig.
Beispiel: $\quad 3 \cdot 4 \cdot 6 + 8 = 80 \qquad\qquad 5 \cdot 8 + 6 \cdot 7 = 82$
$\qquad\qquad 3 \cdot 4 \cdot 5 + 6 + 7 + 8 = 81 \quad 8 \cdot 7 + 6 \cdot 5 - 3 = 83$ usw.
Gewonnen hat, wer in einer festgelegten Zeit die meisten Hasen erlegt hat.

■ **Variante:**
Jede „Schusszahl" darf nur einmal bei jedem Hasen verwendet werden.

Zahlenfußball

■ **Inhalte und Ziele:**
- Addieren, Subtrahieren im Zahlenraum bis 1 000
- Anwenden des Einmaleins und Zehnereinmaleins

Quelle: KRAMPE/MIDDELMANN 1987, S. 51

■ **Anzahl der Spieler/Parteien:** 2

■ **Material:** Notationsunterlagen (Tafel, Notizblatt), Schreibgerät

■ **Verlauf:**

Zwei Torzahlen und einige Zahlenbälle werden vorgegeben. Die Torzahlen sollten in ihrem Wert nicht zu weit auseinanderliegen und Primzahlen sein. Abwechselnd wird versucht, durch Verknüpfen von Zwischenergebnissen mit einem Zahlenball die Torzahl der Gegenpartei zu erreichen.

Beispiel:

Tor A ①   ②   ③   *Tor B*
431   ⑤   ⑩   ⑮   439

A: $10 \cdot 15 = 150$ B: $150 \cdot 3 = 450$
$450 - 15 = 435$ $435 - 5 = 430$
$430 + 10 = 440$ $440 - 3 = 437$
$437 + 2 = 439$ Tor!

4. Fertigkeiten produktiv üben in Klasse 4

Schauen und Bauen

Sind Grundriss und Seitenansicht erarbeitet (vgl. dazu im Kapitel 1 auf S. 16 zum Beispiel die spielerischen Aktivitäten mit den Bausteinen aus dem Nikitin-Material), soll das neue Wissen auch geübt werden. Natürlich sind Anwendungen in der Umwelt der Kinder möglich und erwünscht. Manches wird nun mit anderen, sachkundigeren Augen gesehen und verstanden. Die Umsetzung in „Bauaktivitäten" stößt aber schnell an die Grenzen des Machbaren. Mit *Schauen und Bauen* wird eine solche Möglichkeit im Klassenraum geschaffen. Quader stellen Gebäude dar, die auf einem Lageplan in Form eines Gitters aufgestellt werden. Das Arbeiten im Team ist wichtig, nur durch Kooperation lassen sich die Lösungen erreichen.

Mit der seit 1997 vorliegenden Version steht ein ausgereiftes und exzellentes Spiel zur Verfügung, das in keiner Grundschule fehlen sollte. Die Entwicklungsgeschichte ist lang. Bereits 1977 finden sich auf der Grundlage eines

Aufsatzes von BESUDEN in MÜLLER/WITTMANN (1977) Ideen zur Förderung des räumlichen Vorstellungsvermögens und zu spielerischen Aktivitäten, die Anfang der achtziger Jahre in einen Prototyp des Spieles mündeten, das im Didaktischen Labor des Instituts für Didaktik der Mathematik an der Universität Dortmund großflächig auf dem Fußboden gespielt wurde. Studentinnen und Studenten mit ihren Dozenten und Lehrkräfte, die mit dem Institut verbunden waren, trugen die Idee in die Praxis und experimentierten mit Spielansätzen (zum Beispiel FORTHAUS 1988, KAESELER 1988). Unter dem Namen „Gebäudekomplexe" wurde das Spiel Ende der achtziger Jahre in kleiner Stückzahl durch das nordrhein-westfälische Landesinstitut für Schule und Weiterbildung hergestellt. Die jetzt vorliegende Gesamtversion ist im Programm *mathe 2000* erschienen.

■ **Inhalte und Ziele:**
- – Anwenden der Kenntnisse über Grundriss und Seitenansicht im Zusammenhang
- – Trainieren der Wahrnehmung der Raumlage
- – Trainieren der Wahrnehmung von räumlichen Beziehungen
- – Anwenden von Parallelverschiebungen
- – Anwenden von Kippbewegungen

Quelle: MÜLLER/RÖHR/WITTMANN 1997

■ **Anzahl der Spieler/Parteien:** 1 bis 4

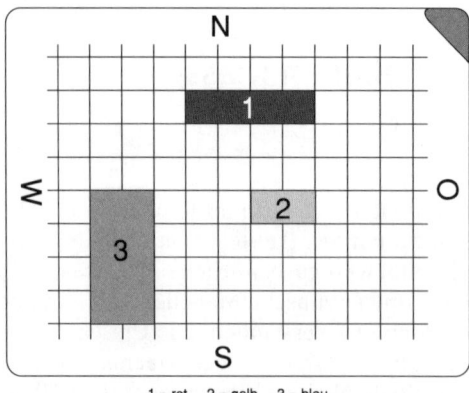

1 = rot 2 = gelb 3 = blau

■ **Material:** neun Faltvorlagen aus Karton zum Herstellen von drei roten, drei blauen und drei gelben Quadern (Maße: 2,5 cm × 5 cm × 10 cm), drei Gitterpläne (DIN A3) zur Aufstellung und Bewegung der Quader mit Feldern der Größe 2,5 cm × 2,5 cm, Folie (DIN A4) mit sechs ausgestanzten und beschrifteten Rechtecken zum Markieren von Start- und Zielpositionen, 215 Aufgabenkarten, 15 Karten mit Spielanleitungen, eine umfangreiche und informative Textbeilage, die auch praxisnahe Vorschläge für die Herleitung der notwendigen Grundlagen macht.

Das Material ist ausgelegt für drei Spielgruppen. Mit dem Material lassen sich vier Spielvarianten zum Schauen und Bauen durchführen. Außerdem gibt es noch das Spiel Quaderkippen für ein oder zwei Spielparteien.

■ **Verlauf:**

1. Variante: Seitenkarten richtig zuordnen (Kartensets mit Farbkennzeichnung lila). Zu jedem Kartenset gehört eine Grundrisskarte mit Angabe der Himmelsrichtungen und vier Seitenkarten ohne Angaben der Himmelsrichtungen. Die Gebäude (Quader) sind entsprechend der Grundrisskarte aufzustellen. Dann ist zu entscheiden, welche Seitenkarte zu welcher Himmelsrichtung gehört.

2. Variante: Gebäude richtig aufstellen (Kartensets mit Farbkennzeichnung orange). Zu jedem Kartenset gehören eine Grundrisskarte und vier Seitenkarten, alle mit Angaben der Himmelsrichtungen. Mit Hilfe der Seitenansichten sind die Gebäude (Quader) richtig aufzustellen. Die Kontrolle erfolgt über die Grundrisskarte.

3. Variante: Seitenkarten und Grundriss abstimmen (Kartensets mit Farbkennzeichnung grün). Zu jedem Kartenset gehören eine Grundrisskarte und vier Seitenkarten, alle ohne Angaben der Himmelsrichtungen. Seitenansichten und Grundriss sind aufeinander abzustimmen. Danach werden die Gebäude (Quader) entsprechend aufgestellt.

4. Variante: Seitenkarten aufeinander abstimmen (Kartensets mit Farbkennzeichnung grün). Zu jedem Kartenset gehören eine Grundrisskarte und vier Seitenkarten, alle ohne Angaben der Himmelsrichtungen. Nur mit Hilfe der Seitenansichten sind die Gebäude (Quader) aufzustellen. Die Kontrolle erfolgt anschließend über die Grundrisskarte. Dieses Spiel kann auch mit Hilfe der Kartensets aus der 1. Variante gespielt werden.

Quaderkippen

■ **Verlauf:**

Benötigt werden der Gitterplan, ein Quader, mit „Start" und „Ziel" beschriftete Rechteckfolien und Karten mit der Farbkennzeichnung Grau.

Entsprechend der Vorgabe auf den Aufgabenkarten werden Start und Ziel auf dem Gitterplan mit den Folien gekennzeichnet.

Nachdem der Quader auf die Startposition gelegt worden ist, wird er durch eine Folge von Kippungen zur Zielposition geführt.

Die Himmelsrichtungen werden als Wegeprotokoll notiert.

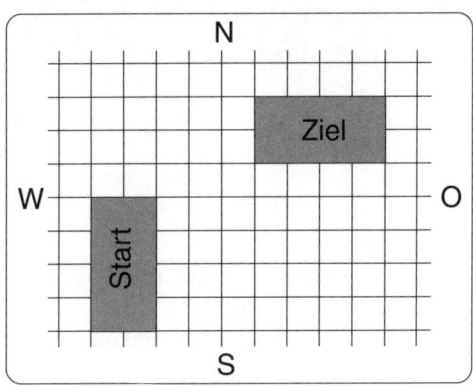

53

Rentmeister

■ **Inhalte und Ziele:**
- Anwenden des kleinen und großen Einmaleins
- Addieren im Zahlenraum bis 1 000

■ **Anzahl der Spieler/Parteien:** beliebig

■ **Material:** drei Würfel, Notizblatt, Stift für jeden Spieler

■ **Verlauf:**

Alle Spieler notieren sich vorab auf ihrem Notizblatt untereinander die Zahlenreihe von 8 bis 3. Es wird reihum gewürfelt. Die Augenzahlen der Würfel werden addiert und neben die Zahlenreihe geschrieben und mit der Zahl aus der Zahlenreihe multipliziert. Nach dem sechsten Durchgang werden die Multiplikationsergebnisse addiert. Wer die höchste Summe erreicht, hat gewonnen.

Beispiel:

$8 \cdot 11 = 88$

$7 \cdot 12 = 84$

$6 \cdot\ 8 = 48$

$5 \cdot 10 = 50$

$4 \cdot 11 = 44$

$3 \cdot 12 = 36$

$$\overline{350}$$

■ **Varianten:**

1. Die Würfe brauchen nicht von oben nach unten den Zahlen der Zahlenreihe zugeordnet werden.

2. Aus den Würfelaugen werden dreistellige Zahlen gebildet, die multipliziert werden.

Teilerrennen

■ **Inhalte und Ziele:**
- Anwenden von Teilereigenschaften von Zahlen
- Dividieren durch Zehnerzahlen

Quelle: In Anlehnung an: *Grundschule*, Heft 10/1987, S. 36

■ **Anzahl der Spieler/Parteien:** 2 bis 4

■ **Material:** Wegeplan mit ca. 40 Feldern, vier Spielfiguren, Würfel

■ **Verlauf:**
Die Felder auf dem Wegeplan werden beschriftet mit Zahlen aus den Zehnerreihen und den Hunderterreihen in aufsteigender Reihenfolge (zum Beispiel 120, 140, 160, ..., 320, 350, 360, 400, ..., 900, 1 200, 1 400 ....). Jede Spielfigur erhält einen anderen Teilerauftrag, der für das gesamte Spiel gilt (Teiler 60, Teiler 70, Teiler 80, Teiler 90). Nachdem sich die Spieler eine Spielfigur ausgesucht haben, werden die Figuren entsprechend den Würfelaugen reihum vorgesetzt. Der Spieler prüft, ob die Zahl auf dem erreichten Feld zu seinem Teiler passt. In diesem Fall darf die Spielfigur auf dem Feld stehen bleiben. Sonst muss sie zurückgesetzt werden zur nächsten teilbaren Zahl. Die Kinder sollen selbst festlegen, ob sie mit Hinauswerfen spielen wollen.

■ **Variante:**
Alle Spieler teilen durch die gleiche Zahl (zum Beispiel durch 3, durch 30 ...). Die Felder werden beschriftet mit Vielfachen dieser Zahl, auch mit großen Vielfachen (zum Beispiel 6 003, 90 090 usw). Entsprechend der gewürfelten Zahl werden die Figuren vorgesetzt. Auf dem Feld angekommen, ist die dort aufgeschriebene Zahl zu teilen. Bei richtiger Lösung bleibt der Spieler auf dem Feld stehen, bei falscher Lösung muss er um die gewürfelte Augenzahl wieder zurück. Auch hier sollen die Kinder selbst festlegen, ob sie mit Hinauswerfen spielen wollen.

3. Neues entdecken

Ein frei verfügbares Basiswissen und ein sich schrittweise aufbauendes mathematisches Können, das bestehende mathematische Beziehungen und funktionale Abhängigkeiten zu nutzen versteht, versetzen die Kinder in die Lage, bei neuen Problemstellungen Transferleistungen zu erbringen, die zu aufbauenden Entdeckungen und letztlich zu der Fähigkeit führen, Probleme selbstständig lösen zu können.

Mathematische Lernspiele leisten in diesem Prozess wegen ihres offenen, nicht an mathematischen Unterrichtsstoff gebundenen Kontextes eine hervorragende und motivierende Ausgangslage. Im Spiel und durch das Spiel entstehen immer wieder neue und herausfordernde Situationen. Vermutungen über Zusammenhänge führen zum Entdecken von versteckten Strategien und Abwickelungen. Dabei bleibt die Situation immer überschaubar in einem konkreten Bezugssystem.

So kann das Spiel zu neuen Lerninhalten führen. „Solche Lernspiele gewähren einen Spielraum für Handlungsgrundlagen, aus denen erste Vermutungen, Lösungsansätze und Strategien zur Bewältigung der neuen Fragestellungen erwachsen" (RADATZ/SCHIPPER 1983, S. 172).

Gerade Strategiespiele bilden einen klassischen Fundus für Problematisierungen in diesem Sinne. Wenn man immer wieder verliert, kann man das damit abtun, dass der Gegner eben besser spielt. Man kann aber auch hinterfragen, ob der Gewinner über eine besondere Strategie verfügt. Und schon beginnen Beobachtungen zu den Zügen der Gegenpartei. Hypothesen bilden sich, es kommt zu ersten Analysen. Gibt es einen Zusammenhang zwischen Regeln und Ausgangslage? Am Ende steht vielleicht die Entdeckung der Gewinnstrategie. Damit hat das Spiel seinen Reiz verloren. Aber lässt es sich verändern? Entwickelt sich aus der alten Spielidee eine neue?

Eine Entdeckung ganz anderer Art ist die Frage nach Wahrscheinlichkeiten. Für Kinder steht in der Regel erst einmal fest, dass es besonders schwer ist, mit dem Würfel eine Sechs zu würfeln. Werden im Spiel Würfelzahlen notiert, kann die so erworbene Datensammlung Anlass für eine systematische Untersuchung werden, die letztlich zu neuen Ansichten über Würfelwahrscheinlichkeiten führt. Das Spielen mit geometrischen Formen ist in hohem Maße mit Handlungen verbunden und ermöglicht über konkrete Erfahrungen Überlegungen und Entdeckungen im geometrischen Bereich.

In der Arithmetik führen viele Wege nach Rom und verschiedene Rechenwege zum richtigen Ergebnis. Man kann versuchen, diese Wege den Kindern kleinschrittig beizubringen. Einem entdeckenden Lernen entspricht aber eher der Weg, Aktivitäten (und das können auch Spiele sein) zu organisieren, die es den Kindern ermöglichen, selbst und auf eigenen Wegen zu Einsichten zu kommen.

Allerdings muss man Abschied nehmen von der Vorstellung, Lernen könne sich ohne Fehler entwickeln. WITTMANN bringt in seiner Ausführung zum aktiv-entdeckenden und sozialen Lernen im Rechenunterricht diesen Tatbestand wie folgt auf den Punkt (WITTMANN 1995, S. 17): „Unsicherheiten, Fehler, Engpässe, vergebliche Versuche gehören wesentlich zum Prozess des Mathematiktreibens."

Für die Kinder, die unsicher sind, schnell aufgeben und – vielleicht auf Grund ihrer Erziehung – ängstlich Fehler vermeiden, ist gerade das Spiel eine ideale Basis, sozusagen im Schonraum mit Fehlern umgehen zu lernen. Als Konsequenz geht bei einem Fehler schlimmstenfalls das Spiel verloren. Aber gut, man kann neu anfangen, es ist ja nur ein Spiel.

In Klasse 1 soll *Spiegeln mit dem Spiegelbuch* als Einleitungsbeispiel verdeutlichen, wie geometrische Entdeckungen auf spielerische Weise ermöglicht werden. *Der Geowürfel* bezieht den Raum in die geometrischen Aktivitäten ein. Es sei daran erinnert, dass das Nikitin-Material durch seinen aufbauenden Charakter weit über den Anfangsjahrgang hinaus eingesetzt werden kann.

Schiebespiele sind nicht neu innerhalb der Unterhaltungsmathematik. In der Grundschule tauchen sie erst in den letzten Jahren häufiger auf. Die hier angestrebten Entdeckungen zu Lageveränderungen beziehen Optimierungen und damit eine Qualifikation ein, die in der Umwelt von wesentlicher Bedeutung ist.

Das Hüpfspiel vertritt den Bereich der Strategiespiele. Die dort angegebene Literatur gibt weitere Anregungen, die zudem vom Materialaufwand her leicht umzusetzen sind. *Fleißige Bienen* wird auch von älteren Kindern gerne gespielt. Manche neuen Entdeckungen zu Würfelwahrscheinlichkeiten können gemacht werden.

Tetris ist durch den Gameboy so bekannt, dass eine nicht elektronische Abwandlung eigentlich schon lange fällig war. Überhaupt gibt es zunehmend Spielideen, die als Computerversion erhältlich sind. Auch von *Türme bauen* existiert eine Umsetzung als Computerspiel und das für Klasse 4 aufgenommene Spiel *Schatzsuche* erinnert an Minesweeper, das in Windows zu den Installationsstandards gehört.

Türme bauen ist eine der spielerischen Aktivitäten, die der Gruppe der *Soma-Würfel-Spiele* zuzuordnen sind. Die Bausteine des Soma-Würfels werden häufig für Parkettierungen und räumliche Bauten genutzt. *Pflastern* und *Trikub* zeigen weitere Umsetzungen.

Anordnungen im Zahlenraum spielen beim *Dreiecks-Memory* eine wichtige Rolle. Dass sich Zahlen auch ganz anders anordnen und nennen lassen, ist eine wichtige Erfahrung. Nebenbei trainiert dieses Spiel auch das Vorstellungsvermögen und die Konzentration. *Oware* schult das vorausschauende Denken und eröffnet die Entdeckung von Zugfolgen, die zu günstigen Konstellationen führen.

Für die Klasse 3 lädt der *Turm von Hanoi* zu strategischen Überlegungen ein. *Hin und her* enthält ähnliche Ziele, wobei das Spiel ein anderes Konzept aufweist. *Das Zauberdreieck* hat nichts von seiner Faszination auf Kinder verloren. Die immer wieder neuen Zerlegungen und Kombinationen vertiefen den Einblick in den rechnerischen Zusammenhang. Die vielfältigen Aufgabenstellungen der Kartensätze gestatten einen sehr differenzierten Einsatz im Unterricht. Abgeschlossen wird das Kapitel mit *Spiel 24*, das unter dem Namen *Game 24* in Nordamerika in seinen vielfältigen, auch über den Grundschulbereich hinausgehenden mathematischen Herausforderungen eine große Anhängerschaft gewonnen hat.

Magico 9 für die Klasse 4 ist eines der vielen Brettspiele der Welt, die schon vor Jahrhunderten die Menschen in den Bann gezogen haben. Die schwierigen Kartensätze sind schon knifflig. Es lässt sich aber immer wieder beobachten, dass Kinder mit den Lösungen weniger Probleme haben als Erwachsene. *Die verflixte 10 000* ist ein unterrichtserprobtes Spiel, das die Stellenwertschreibweise thematisiert. Bei der *Schatzsuche* geht es auch um die Entdeckungen zur Abfassung von Informationen, die ökonomisch und dabei eindeutig geschehen sollte. Die Idee der *Schiebespiele* aus dem Bereich der Klasse 1 wird mit den durchaus anspruchsvollen Spielideen zum *Rangieren* noch einmal für ältere Kinder aufgegriffen.

1. Neues entdecken in Klasse 1

Spiegeln mit dem Spiegelbuch

■ **Inhalte und Ziele:**
- Systematisches Erforschen der Symmetrie (Kombination von Achsen- und Drehsymmetrie)
- Schulen des Raumvorstellungsvermögens

Quelle: MÜLLER/WITTMANN 1997 (1)

■ **Anzahl der Spieler/Parteien:** 1 bis 2

■ **Material:** Spiegelheft mit verschiedenen Abbildungen, ein Doppelspiegel (zwei mit Klebeband aneinander geklebte Spiegelfolien, die wie ein Scharnier bewegt werden können), drei gleich große rechteckige Formen aus Tonpapier in den Farben Rot, Blau und Gelb, eine Kopiervorlage mit einem Plan zur Sicherung der Arbeitsergebnisse

■ **Verlauf:**
Dieses Spielen mit dem Spiegel regt Kinder bei der Verwendung in Einzelarbeit zu individuellen Entdeckungen an. Reizvoller ist es jedoch, jeweils zwei Kinder auf Entdeckungsreise gehen zu lassen, damit sie sich gegenseitig unterstützen und ihre Erkenntnisse austauschen.

In der freien Arbeit mit dem Doppelspiegel können die Kinder ohne Vorlage mit Gegenständen aus ihrer Umwelt experimentieren und erste Erfahrungen zur Symmetrie sammeln. Diese werden dann bei der Arbeit mit den Aufgaben im Spiegelheft zum Teil gezielt eingesetzt.

Das vorliegende Arbeitsheft ist nach dem Doppelseitenprinzip konzipiert. Auf jeder der Doppelseiten von 4 bis 51 befindet sich links oben eine vergrößerte „Startfigur". Darunter sowie auf der rechten Hälfte der Doppelseite befinden sich jeweils acht „Zielfiguren", die etwas verkleinert und zum Teil mehr oder weniger stark gedreht sind. Die Zielfiguren können – bis auf eine – mit Hilfe des Doppelspiegels aus der Startfigur erzeugt werden.

Durch konkretes Operieren und durch begleitendes Sprechen über die Erfahrungen – beispielsweise beim Öffnen oder Schließen des Doppelspiegels – können die Kinder Erkenntnisse gewinnen, die ihnen im Laufe der Zeit ein immer systematischeres Probieren gestatten.

Auf den Doppelseiten 54 bis 59 wird die Aufgabenstellung variiert. Die Kinder legen mit den farbigen Tonpapierformen selbst Motive („Startfiguren"), aus denen sich die im Arbeitsheft abgebildeten „Zielfiguren" spiegeln lassen.

Auf der oben genannten Kopiervorlage kann wiederum angekreuzt werden, welche Zielfigur nicht aus einer Startfigur gespiegelt werden kann.

Anregung:
Sollen die „Doppelseiten" als Spielpläne genutzt werden, so können zwei
Arbeitshefte auseinander geschnitten und die zu einer Doppelseite gehörenden
Abbildungen laminiert oder auf Karton geklebt und mit Folie überzogen
werden.

Doppelspiegel lassen sich mit geringen Hilfsmitteln selbst herstellen. Weitere
didaktische Materialien oder Abbildungen konkreter Gegenstände können zur
Gestaltung individueller „Doppelseiten" genutzt werden.

Der Geowürfel

■ **Inhalte und Ziele:**
- Zusammensetzen von Gebilden nach Vorlagen oder aus der Fantasie
- kombinatorische Überlegungen
- propädeutische Entdeckungen zu Kanten, Ecken, Flächen

Quelle: Nikitin-Material – Aufbauende Spiele 5 „Geowürfel", LOGO Lern-
Spiel-Verlag, Dorsten

■ **Anzahl der Spieler/Parteien:** 1 bis 2

■ **Material:** Soma-Bausteine, verschieden gefärbt, Spielvorlagenheft mit
70 Vorlagen

■ **Verlauf:**
Die ersten der perspektivisch gezeichneten Vorlagen sind farbig gestaltet, so
dass das Nachbauen mit anfangs noch wenigen Elementen auch jüngeren
Kindern gelingt. Später werden die Bauvorlagen komplexer und enthalten
auch keine Farben mehr. Das Nachbauen erfolgt in Einzel- oder Partnerarbeit.
Zum Wettkampf wird das Geschehen, wenn zwei Materialsätze vorliegen und
die beiden Spieler versuchen, die Aufgabe so schnell wie möglich zu lösen.

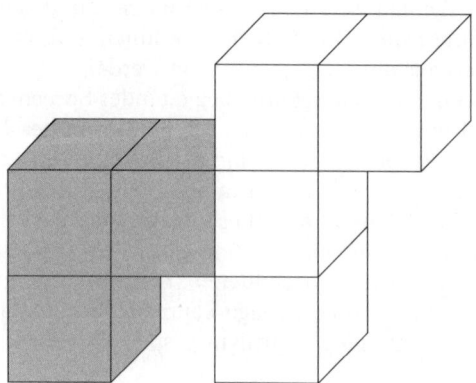

Schiebespiele

■ **Inhalte und Ziele:**
– Entwickeln zielgerichteter Operationen zur Lageveränderung von Plättchen

Quelle: MÜLLER/WITTMANN 1997 (2), S. 1 ff.

■ **Anzahl der Spieler/Parteien:** 1 bis 2

■ **Material:** verschiedene Spielpläne mit roten, blauen und weißen Feldern, rote und blaue Spielsteine

■ **Verlauf:**
Zu Spielbeginn liegen die roten Spielsteine auf den blauen und die blauen Spielsteine auf den roten Feldern. Die Spielsteine werden Zug um Zug so verschoben, dass sich am Ende die roten Spielsteine auf den roten Feldern und die blauen Spielsteine auf den blauen Feldern befinden.
Ein Zug darf nur auf ein freies Nachbarfeld (nach oben, nach unten, nach rechts oder nach links) vorgenommen werden. Eine Verschiebung „über Eck" (diagonal) ist nicht erlaubt. Auch dürfen keine Spielsteine übersprungen werden. Wird das Spiel zu zweit gespielt, gilt es, gemeinsam das Ziel des Platzwechsels zu erreichen. Dabei kann ein Kind die blauen Spielsteine, das andere die roten Spielsteine verschieben.

■ **Variante:**

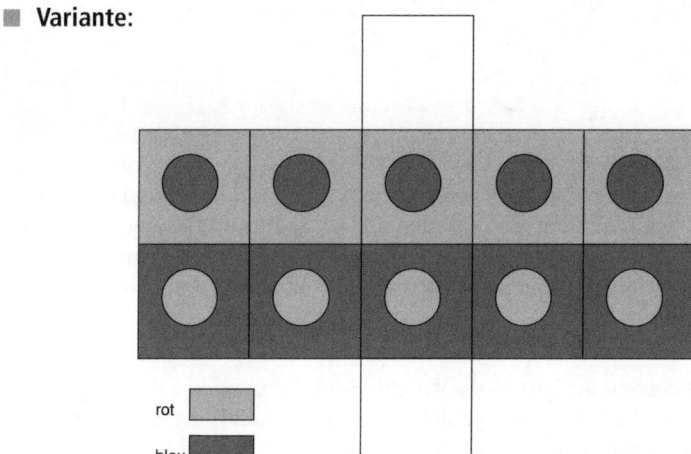

rot
blau

Durch Erweiterung oder variierende Anordnung der Spielfelder in einem Plan wird eine erhöhte Anforderung an das strategische Denken gestellt. In der angegebenen Quelle finden sich vier verschiedene Pläne.

Das Hüpfspiel

■ **Inhalte und Ziele:**
- – Überlegen und Abwägen von Alternativen
- – Entdecken von Gewinnstrategien

Quelle: Köppen 1990, S. 94 f., Snape/Scott 1995 (2), S. 22

■ **Anzahl der Spieler/Parteien:** 2

■ **Material:** Spielplan, neun Spielsteine.

■ **Verlauf:**

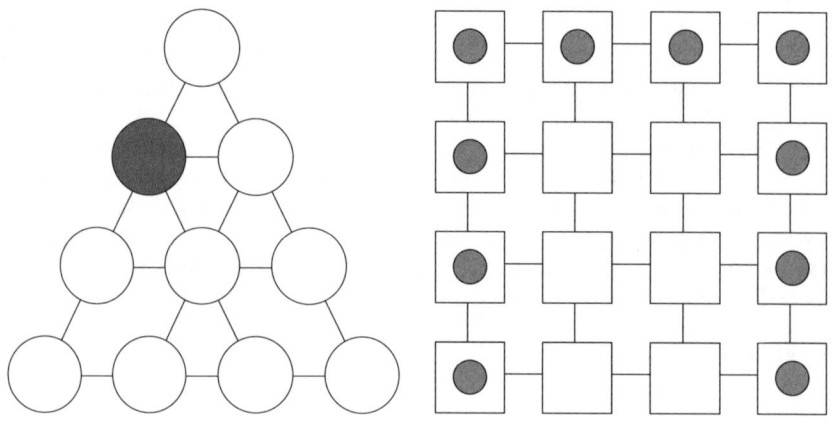

Anfangsaufstellung

Die Spielsteine werden auf die Felder gelegt, das markierte Feld bleibt frei. Abwechselnd wird entlang der geraden Linien gehüpft, also nicht „um die Ecke". Hüpfen darf ein Stein über einen anderen, wenn das dahinter liegende Feld frei ist. Der übersprungene Stein wird vom Spielfeld entfernt. Wer nicht mehr hüpfen kann, hat verloren.

■ **Variante:**

Das Spielfeld besteht aus einem 4 × 4-Feld. Benötigt werden zehn Spielsteine. Die Spielsteine dürfen in waagerechter oder senkrechter Richtung einen Nachbarstein überspringen, wenn das dahinter liegende Feld frei ist, diagonales Ziehen ist verboten. Der Anfangszug ist kein Hüpfzug, statt dessen wird ein Stein auf ein freies Feld geschoben. Verloren hat, wer nicht mehr ziehen kann. Man kann allerdings auch abwechselnd ziehen und dabei gemeinsam versuchen, alle Steine bis auf einen abzuräumen.

Fleißige Bienen

- **Inhalte und Ziele:** – Entdecken von Wahrscheinlichkeiten beim Würfeln
  - Entdecken von Wegen in Labyrinthen
  - vorausschauendes Denken

Quelle: SNAPE/SCOTT 1995 (2), S. 40 f.

- **Anzahl der Spieler/Parteien:** 2 bis 4

- **Material:** ein Spielplan in Form eines großen Sechsecks mit 91 sechseckigen Waben, die 61 Innenwaben haben sechs Ausgänge zu den Nachbarwaben, die 30 Außenwaben bilden die sechs Kanten des großen Spielfeldsechsecks und führen nach „draußen" zu sechs Blumen, 24 Blumenkarten, für jedes Blumenfeld vier, vier Spielsteine als Bienen, zwei Würfel. Ein sehr schöner Spielplan aus dem Jahre 1922 findet sich bei SNAPE/SCOTT (1995, 41).

- **Verlauf:**

Ziel des Spieles ist es, von dem Startfeld in der Mitte des Feldes durch die Innenwaben nach außen zu wandern und dabei im Laufe des Spieles jedes Blumenfeld zu erreichen. Bei Erreichen eines Blumenfeldes erhält man eine Blumenkarte.

Gewonnen hat, wer zuerst von jedem Blumenfeld eine Karte geholt hat. Gewürfelt wird mit zwei Würfeln. Die Würfelzahlen bestimmen, durch welche Öffnung der Spieler die Waben verlassen darf. Beide Würfelzahlen werden nacheinander benutzt, so dass in einem Zug zwei Waben durchwandert werden. Der Spieler entscheidet, in welcher Reihenfolge die Würfelzahlen benutzt werden. Gezogen werden muss immer, auch wenn die Biene dadurch in eine unerwünschte Richtung wandert. Eine bereits belegte Wabe darf nicht betreten werden. In diesem Fall verfällt die Würfelzahl.

Erreicht ein Spieler eine Außenwabe, darf er im nächsten Zug ohne zu würfeln das Blumenfeld betreten, eine Blumenkarte nehmen und seinen Spielstein sofort auf das Startfeld im Zentrum des Spielplanes setzen, sofern dieses frei ist. Sonst muss er aussetzen und auf dem Blumenfeld warten, bis er wieder am Zug und das Startfeld frei ist.

- **Variante:**

Statt eines Doppelschrittes darf der Spieler auch seine beiden Würfelzahlen addieren oder subtrahieren und einen Schritt machen.

2. Neues entdecken in Klasse 2

Tetris

Die in der Grundschule bekanntesten Vierlinge sind die des Formenspiels von
BAUERSFELD, das leider nicht mehr im Handel erhältlich ist.

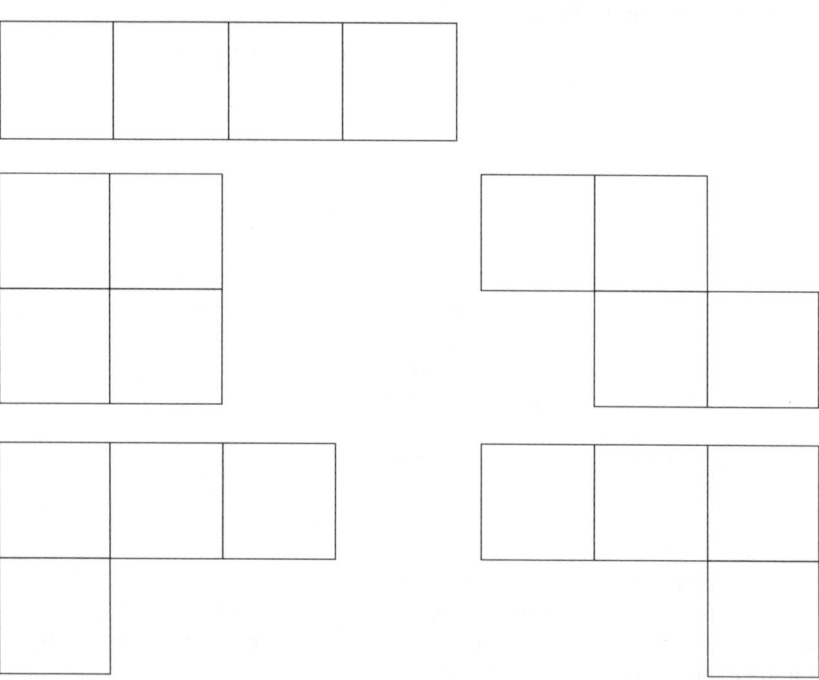

Vierlinge sind Flächenformen, die durch Zusammensetzen von gleich großen
Quadraten entstehen. Im Unterricht werden sie zum Parkettieren und häufig
als Ausgangspunkt für die Entdeckung der Würfelnetze (Sechslinge) benutzt.
Schon die Herstellung von Vierlingen ist reich an Entdeckungen.
Ist das Material einmal vorhanden, lässt sich damit auch in Form von Spielideen umgehen. In der Grundschule sollen die Vierlingsformen mindestens
aus fester Pappe sein, besser noch aus Holz. Am schnellsten lassen sich
Holzformen durch Aneinanderkleben von Würfelrohlingen herstellen. Durch
das Computerspiel Tetris, später auch in einer Gameboy-Version erhältlich,
wurde das Parkettieren mit Vierlingen weltberühmt. Eine nicht elektronische
Variante wird hier als Spiel dargestellt.

■ **Inhalte und Ziele:**
- Entdeckungen zum Drehen und
- zum Verschieben

■ **Anzahl der Spieler/Parteien:** 1 bis 6

■ **Material:** Spielfeld mit 6 × 8 Feldern (Kantenlänge eines Feldes entspricht der Kantenlänge des Quadrates, aus dem die Vierlinge hergestellt werden), 20 oder mehr Vierlinge (bunt gemischt), ein Säckchen (Tüte, Karton oder dgl.)

■ **Verlauf:**
Die Vierlinge werden in dem Säckchen aufbewahrt. Der Spieler greift in das Säckchen und zieht immer ein Vierling heraus, den er oben auf das Spielfeld legt. Sobald der Vierling auf das Spielfeld gelegt worden ist, darf seine Position nur noch durch Verschieben und Drehen, nicht aber durch Hochnehmen und Klappen verändert werden. Die Reihen des Spielfeldes sollen von unten nach oben so aufgefüllt werden, dass möglichst keine Lücken bleiben. Einmal gelegte Vierlinge dürfen in ihrer Lage nicht mehr verändert werden, wenn der nächste Vierling gezogen ist. Das Spiel ist beendet, wenn kein Vierling mehr in das Spielfeld hineingelegt werden kann. Für jede komplett gefüllte Reihe gibt es einen Punkt.

■ **Varianten:**
1. Der Spieler wird vielleicht beim Greifen nach einem Vierling eine besondere Form erhoffen und durch Abtasten seinem Glück ein wenig nachzuhelfen versuchen. Dies ist nicht unerwünscht, denn die taktile Wahrnehmung wird so trainiert. Vermieden werden kann dieses Vorgehen aber, wenn ein zweites Kind den jeweils nächsten Vierling anreicht.
2. Das Spiel kann auch als Wettkampf ausgetragen werden. Die Kinder spielen nacheinander mehrere Durchgänge. Die Einzelergebnisse der Runden (Anzahl der vollständigen Reihen) werden notiert und am Ende addiert.
3. Gibt es genügend Material (Spielpläne und Vierlinge), können mehrere Kinder gleichzeitig spielen. Die Runde endet, wenn der erste Spieler fertig ist, alle Spieler nicht mehr legen können oder wenn eine vorher vereinbarte Zeit abgelaufen ist.
4. Durch Vergrößerung des Spielfeldes sind ebenfalls Varianten möglich.
5. Eine besondere Schulung der Kooperationsfähigkeit kann erreicht werden, wenn zwei Kinder abwechselnd den nächsten Vierling legen und so gemeinsam zum Ziel kommen müssen. Beratungen können stattfinden. Sehr schwierig wird es, wenn keine Gespräche und Gesten erlaubt sind.

Soma-Würfel-Spiele

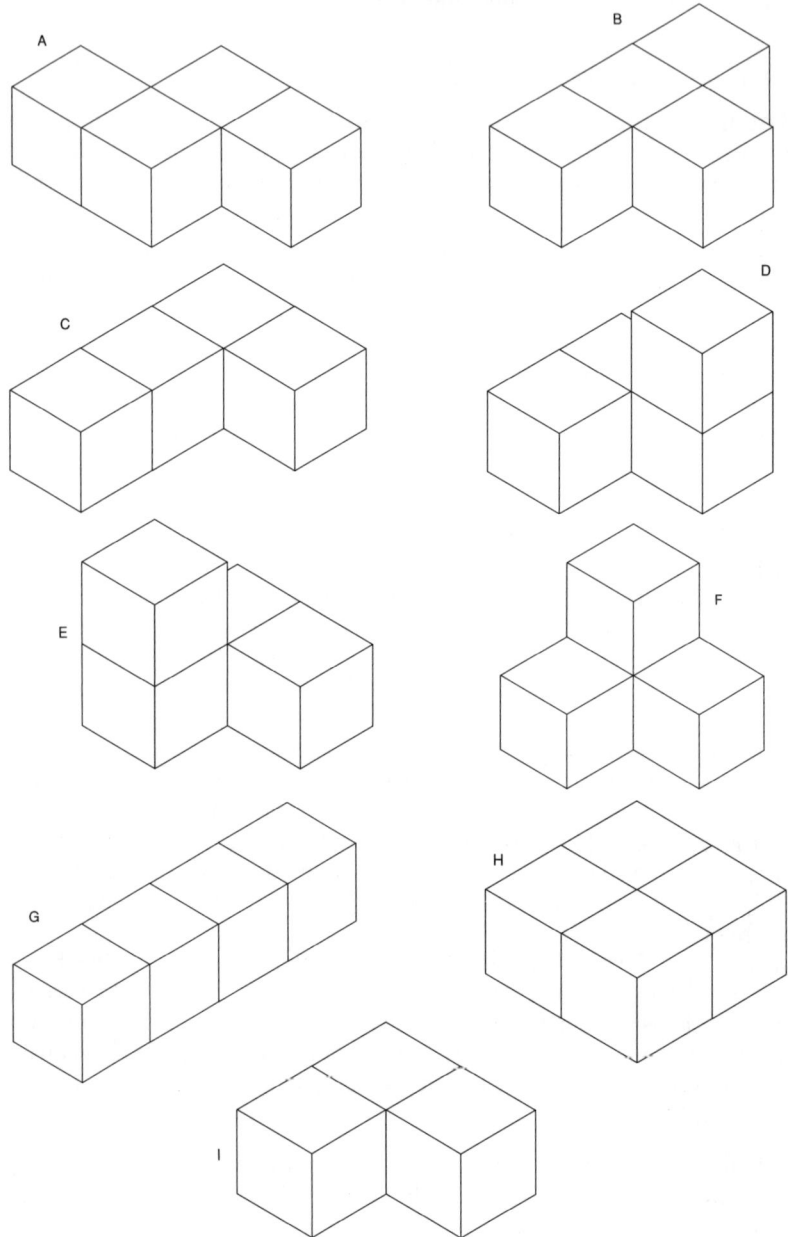

Aus jeweils vier gleich großen Würfeln lassen sich insgesamt acht verschiedene Würfelvierlinge zusammensetzen, die nicht durch Bewegungen (Drehen und Klappen) ineinander überführt werden können. Aus den nicht konvexen Formen A – F und dem Drilling I kann ein $3 \times 3 \times 3$-Würfel gebaut werden, der als Soma-Würfel bekannt ist (vgl. Abb. auf der gegenüberliegenden Seite). Das Material eignet sich aber auch für weitere Legespiele sowohl im Raum als auch in der Fläche. Je nach Aufgabenstellung und Aufgabenschwierigkeit werden nicht alle Teile benötigt bzw. durch weitere Elemente in Form von Einzelwürfeln ergänzt.

■ **Inhalte und Ziele:**
  - Zusammensetzen von Gebilden nach Vorlagen oder aus der Fantasie
  - kombinatorische Überlegungen
  - propädeutische Entdeckungen zu Kanten, Ecken, Flächen

a) Türme bauen

■ **Anzahl der Spieler/Parteien:** 1

■ **Material:** alle acht Würfelvierlinge, verschiedene Spielfelder (2×2, 2×3, 3×3, 2×4)

■ **Verlauf:**
Als Beispiel soll auf einem 2×2-Feld ein fünf Steine hoher Turm ($2 \times 2 \times 5$) gebaut werden. Da jeder Würfelvierling aus vier Würfeln besteht, ist leicht nachzuvollziehen, dass fünf Würfelvierlinge benötigt werden.

■ **Varianten:**
1. Es werden bestimmte Würfelvierlinge vorgegeben. Dadurch wird die Aufgabenstellung erschwert.
2. Es werden mehrere Einzelwürfel (Joker) hinzugegeben. Die Aufgaben werden so leichter.

b) Pflastern

Quelle: in Anlehnung an MÜLLER/WITTMANN 1977, S. 74

■ **Anzahl der Spieler/Parteien:** 2

■ **Material:** zwei Sätze Würfelvierlinge (Formen A, B, C, G und H), Spielfeld mit 6×6 Feldern, die Seitenlänge der Felder entspricht der Kantenlänge der verwendeten Würfel

■ **Verlauf:** Jeder Spieler erhält einen Satz Würfelvierlinge. Es wird festgelegt oder ausgelost, wer beginnt. Abwechselnd wird ein Vierling in das Feld gelegt. Gewonnen hat, wer zuletzt legen kann.

c) Trikub

Quelle: *mathematik lehren*: Sammelband Spiele 1996, S. 114

■ **Anzahl der Spieler/Parteien:** 1 bis 2

■ **Material:** neun Holzspielsteine, sechs Spielsteine sind die Vierlinge A, B, C, E, F und H, drei Spielsteine sind Einzelwürfel, eine Spielfläche mit 5 × 5 Feldern. Eine fertige Version kann laut Quellenangabe bezogen werden bei: Triangel Team, Lothar Hannapel, Am Heiligen Bach 11, 58453 Witten, ca. 20,00 DM.

■ **Verlauf:**
Das Spielfeld wird lückenlos ausgelegt. Die zwei räumlichen Steine ragen wie Türmchen hervor. Die Lage der Einzelsteine und der Türme wird durch einen Spieler vorgegeben, während der andere Spieler die Steine in das Spielfeld einpassen muss.

■ **Variante:**
Das Originalspiel enthält 88 vorgegebene Aufgaben, in denen die Lage der Einzelsteine und der Türme festgelegt ist.
Das markierte Feld gibt Auskunft über die Position des Türmchens, nicht jedoch, welcher der beiden Turmsteine hier zu platzieren ist. Einen eigenen Kartensatz kann man im Unterricht herstellen, indem man aus gefundenen Lösungen die Position von Einzelsteinen und Türmchen auf Aufgabenkarten festhält.

Beispiel: X = Einzelstein
O = Turm

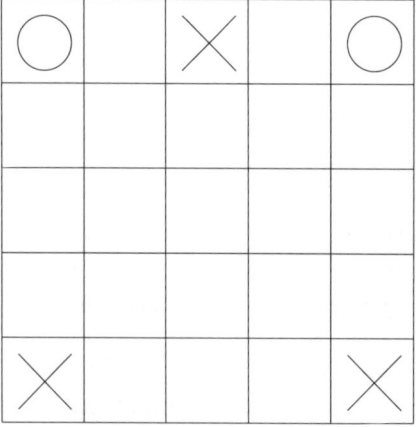

Dreiecks-Memory

■ **Inhalte und Ziele:**
- unterschiedliche Anordnungen von Zahlen in der Vorstellung entwickeln, dabei
- Gedächtnis und Konzentration schulen

Quelle: MÜLLER/WITTMANN 1997(2), S. 6

■ **Anzahl der Spieler/Parteien:** 4

■ **Material:** ein Spielplan, rote und blaue Spielsteine

■ **Verlauf:**

Positionieren der Spieler: Der Spielleiter sitzt an der Spitze des Spielfeldes. Der Kandidat sitzt ihm gegenüber; er hat die Augen verbunden. Die beiden Assistenten sitzen an den rot und blau gefärbten Seiten des Dreiecks. Sie legen abwechselnd ein Plättchen ihrer Farbe in das Spielfeld.

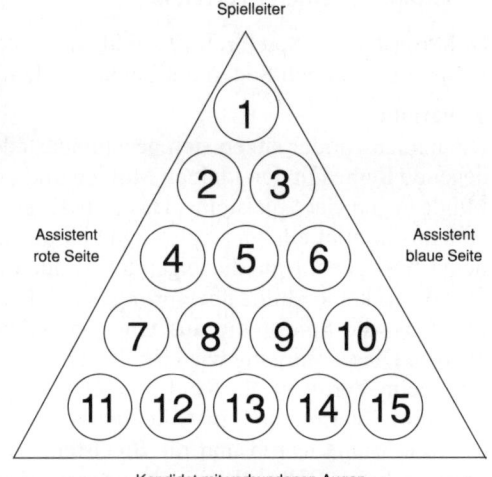

Spielbeginn: Das Spiel beginnt in der obersten Reihe. Die Assistenten legen von ihren Seiten aus abwechselnd die Spielsteine von außen nach innen. Erst wenn eine Reihe voll ist, gehen sie zur nächst tieferen Reihe über. Der mit „Rot" spielende Assistent beginnt auf Feld 1.

Die Assistenten dürfen ihre Plättchen erst legen, wenn der Kandidat die Nummer des Feldes richtig genannt hat. Wenn er einen Fehler macht, wird ein neuer Kandidat gewählt.

■ **Variante:**

Durch Reduzieren oder Erhöhen der Zahlfelder im Dreieck können die Anforderungen variiert werden. Die Kinder können auf diese Weise ein Spielfeld wählen, das sie nach ihrer persönlichen Einschätzung erproben möchten.

Auf Grund dieser Variationsmöglichkeit ist das Spiel auch in verschiedenen Jahrgangsstufen einsetzbar.

In der Spielesammlung (siehe Quellenangabe) befinden sich Spielpläne mit Dreiecks-Memories bis 55.

Oware

Oware ist ein afrikanisches Spiel, das auf diesem Kontinent in den verschiedensten Varianten gespielt wird. Es gehört wohl zu den ältesten und interessantesten Spielen der Welt.

■ **Inhalte und Ziele:**
  - strategisches, vorausschauendes Denken
  - Entdecken von Gewinnstrategien

Quelle: MÜLLER/WITTMANN 1977, S. 267

■ **Anzahl der Spieler/Parteien:** 2

■ **Material:** ein Spielbrett (2 × 6 kleine Mulden in einer Reihe, je eine große Beutemulde an den Seiten der beiden Reihen), 48 Spielsteine

■ **Verlauf:**

Die beiden Kinder sitzen sich gegenüber. Jedes Kind übernimmt die vor ihm liegende Reihe mit den kleinen Mulden und eine Beutemulde. In jeder kleinen Mulde liegen vier Spielsteine. Das erste Kind wählt aus seinen kleinen Mulden eine aus, nimmt alle vier Spielsteine heraus und verteilt sie einzeln entgegen dem Uhrzeigersinn auf die folgenden Mulden, auch auf die des anderen Kindes. Dabei darf keine Mulde übersprungen werden. Das zweite Kind nimmt danach ebenfalls alle Spielsteine aus einer seiner kleinen Mulden und verteilt sie ebenso. Dieser Vorgang wiederholt sich ständig.

Legt beim Verteilen ein Kind den letzten Spielstein in eine Mulde mit zwei oder drei Spielsteinen (einschließlich des gerade gelegten Spielsteins), so darf es diese Mulde leeren und die Spielsteine in seine Beutegrube legen. Dabei spielt es keine Rolle, ob es sich um eine eigene Mulde oder eine Mulde des Mitspielers handelt.

Liegen so viele Spielsteine in einer Mulde, dass man bei ihrer Verteilung wieder bei der gerade geleerten Mulde ankommt, so wird diese beim Verteilen übersprungen.

Wenn alle 6 Mulden eines Kindes leer sind, so darf das andere so lange weiter spielen, bis entweder das „ausgehungerte" Kind wieder mitspielen kann oder das Spiel zu Ende ist. Das Spiel endet, wenn alle Mulden leer sind. Da die letzten Spielsteine unter Umständen sehr lange im Umlauf sind, können sie zur Verkürzung des Spieles an die Kinder gerecht verteilt werden.

Ein Beispiel für einen Spielanfang finden Sie auf der nächsten Seite.

Das Spiel endet, wenn alle Mulden leer sind.

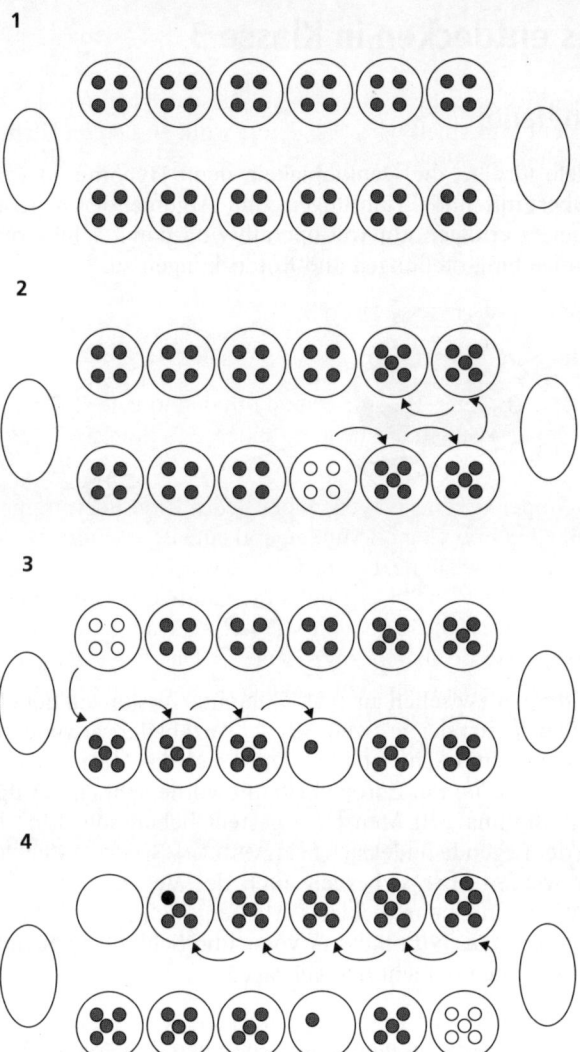

Variante:

Liegen nach dem Verteilervorgang außer in der letzten auch in den unmittelbar davor liegenden Mulden zwei oder drei Spielsteine, so dürfen diese ebenfalls als Beute in die Beutemulde gebracht werden.

3. Neues entdecken in Klasse 3

Turm von Hanoi

Strategiespiele fördern die Denkfähigkeit, denn Hypothesen werden aufgestellt und überprüft und Erfahrungen zum Argumentieren gesammelt. Die Spielhandlungen erfolgen konkret-operativ und damit schülerorientiert und lassen operative Fragestellungen und Entdeckungen zu.

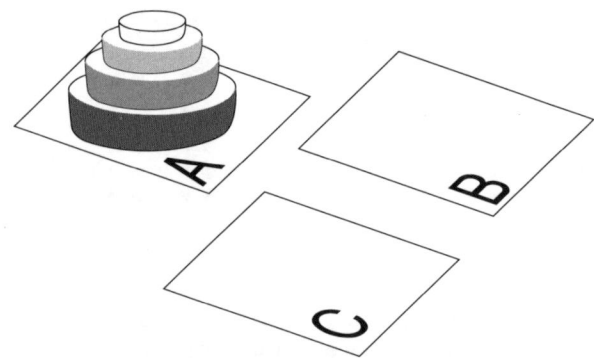

Turm von Hanoi, inzwischen auch als Computerversion auf dem Markt, kann allein gespielt werden oder zu zweit. Mit der Anzahl der verwendeten Scheiben steigen Spieldauer und Schwierigkeit. Das Spiel, das 1883 unter der Bezeichnung *Turm von Brahma* in Europa bekannt wurde, gibt eine Aufgabe wieder, die der Gott Brahma den Menschen gestellt haben soll. Eine kindgemäße Darstellung der Legende findet sich bei LANGDON/SNAPE (1995, 26 f.). Grundschulkinder werden aber sicherlich auch der Version folgen, wonach ein Konditorlehrling eine mehrstöckige Torte hergestellt, leider aber die unterste Schicht vergessen hat. Nun muss er vorsichtig Schicht für Schicht abtragen und auf der untersten Schicht neu auftragen ...

- ■ **Inhalte und Ziele:**
  - – Entdecken des Zusammenhanges zwischen Regeln und Ausgangslage
  - – Entwickeln und Begründen (Argumentieren lernen) von Lösungsstrategien
  - – Aufspüren von Gesetzmäßigkeiten in Datensammlungen

Quelle: HOMANN 1995, Seite 37 ff.

■ **Anzahl der Spieler/Parteien:** 1 bis 2

■ **Material:** Spielfeld mit drei Feldern, Spielscheiben mit unterschiedlichem Durchmesser; an Stelle von Scheiben können auch unterschiedlich große

Teller, Kartons, Schachteln oder dgl. verwendet werden. Zur Not reichen auch verschieden große, unterschiedlich bunte Papierquadrate oder -kreise.

■ Verlauf:

Die Scheiben werden zu einem Turm geschichtet, die größte Scheibe liegt unten, die kleinste Scheibe oben. Ziel des Spieles ist der Abbau des Turmes und sein Neuaufbau auf einem anderen Spielplanfeld.

Es gelten folgende Regeln:

1. Nimm immer nur eine Scheibe, und zwar immer die oberste.
2. Lege die Scheibe auf ein anderes Feld.
3. Kleinere Scheiben dürfen auf größeren liegen, aber nie eine größere Scheibe auf einer kleineren.

Der Alleinspieler muss versuchen, in möglichst wenigen Zügen zum Ziel zu kommen, beim Partnerspiel gewinnt der Spieler, der als Letzter zieht.

Eine Lösungsstrategie:

1. Regel: Die oberste (kleinste) Scheibe des gesamten Turmes wird beim ersten und danach immer beim jeweils übernächsten Zug bewegt.
2. Regel: Der erste, dritte, fünfte, ... Stein (von oben gezählt) wird immer im Uhrzeigersinn bewegt, der zweite, vierte, ... Stein gegen den Uhrzeigersinn.

Bei einer rekursiven Lösungsbetrachtung werden neue Situationen auf bekannte zurückgeführt. Ist die Lösung für den „Dreierturm" entdeckt, werden beim „Viererturm" zunächst die drei oberen Scheiben abgebaut zu einem „Dreierturm". Danach wird die unterste Scheibe auf das verbleibende freie Feld geschoben und auf ihr der „Dreierturm" aufgebaut.

Werden die optimalen Zuglängen aufgelistet, lässt sich entdecken, dass die Zahl der Züge für den jeweils nächsten Turm einer Verdoppelung der Züge des Vorgängers und der Addition um 1 entspricht.

Anzahl der Scheiben	1	2	3	4	5	6	...
Anzahl der Züge	1	3	7	15	31	63	...

Wird fehlerfrei zu zweit gespielt, gewinnt der Spieler, der den ersten Zug macht. Damit ist der Reiz des Spieles keineswegs verflogen, denn wer spielt schon immer fehlerfrei?

Hin und her

■ **Inhalte und Ziele:**
  - Entdecken des Zusammenhanges zwischen Regeln und Ausgangslage
  - Entwickeln und Begründen (Argumentieren lernen) von Lösungsstrategien

Quelle: KNÜPFER 1996, S. 12 ff. Das Spiel wurde von einer Grundschulklasse (vgl. KNÜPFER 1996, 126) *Hin und her* getauft.

■ **Anzahl der Spieler/Parteien:** 1 bis 2

■ **Material:** Spielbahn mit 8 bis 24 Feldern (nur gerade Anzahlen), entsprechend viele Spielsteine

■ **Verlauf:**

Ziel des Spieles ist es, aus je zwei Spielsteinen einen kleinen Turm (Häufchen) zu bauen, der danach nicht mehr bewegt oder verändert werden darf. Am Ende sollen keine einzelnen Spielsteine mehr übrig bleiben.

Die Regeln, aufgestellt von der angeführten Grundschulklasse:

1. Auf jedes Spielfeld wird ein Spielstein gelegt.
2. Aus jeweils zwei Spielsteinen sollen Häufchen gebildet werden.
3. Du darfst immer nur einen Spielstein nach links oder rechts auf der Spielbahn bewegen.
4. Bei jedem Zug müssen genau zwei Spielsteine übersprungen werden. Dabei gilt: 1 Häufchen = 2 Spielsteine.
5. Der bewegte Spielstein wird auf den folgenden noch einzeln liegenden Spielstein gelegt und dann nicht mehr benutzt.
6. Das Spiel können auch zwei Kinder gegeneinander spielen. Beide ziehen abwechselnd und es hat derjenige gewonnen, der als Letzter noch einen Spielzug machen kann.

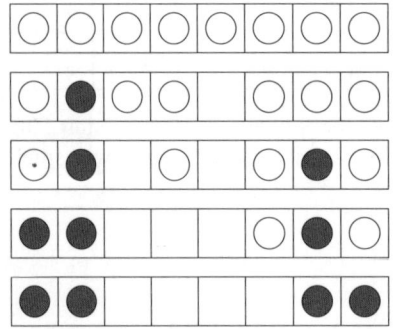

An „Taktiken" lassen sich herausfinden: „1. Ein Spieler muss darauf hinarbeiten, dem Gegner sechs hintereinander liegende Spielmarken zu überlassen, weil diese Situation in jedem Fall zwei weitere Spielzüge zur Folge hat. Damit hält man sich die Option auf den letzten Spielzug offen ...

2. Zwei Häufchen, die direkt hintereinander liegen und höchstens durch leere Felder voneinander getrennt sind, können nicht mehr überwunden werden. Dadurch können Spielmarken so isoliert werden, dass sie nicht mehr benutzt werden können" (KNÜPFER 1996, 125).

Das Zauberdreieck

■ **Inhalte und Ziele:** – Zerlegen von Zahlen
– Entdecken von Zerlegungsregeln
– Konstruieren von eigenen Zauberdreiecken

Quelle: METZNER 1991

■ **Anzahl der Spieler/Parteien:** 1

■ **Material:** Holzbrett mit sechs Vertiefungen auf der Vorderseite und zehn Vertiefungen auf der Rückseite, angeordnet jeweils als Dreieck, zehn Holzsteine mit den Zahlen 1 bis 10, Aufgabensammlung mit acht Kartensätzen und verschiedenen Schwierigkeitsstufen.

■ **Verlauf:**
Die Steine sind so in die Vertiefungen einzuordnen, dass die Zahlen auf den Dreiecksseiten jeweils die gleiche Summe ergeben. Bei dem großen Dreieck wird der nicht benötigte Stein in die Mitte gelegt.

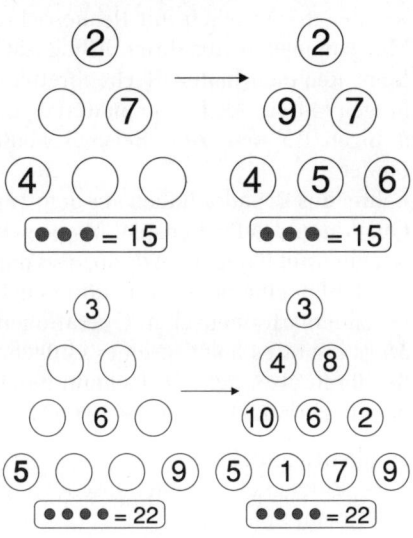

Bei FLOER/SCHIPPER (1991) finden sich zu diesem Thema weitere Anregungen, die zur Entdeckung der Konstruktion von Zauberdreiecken hinleiten.

Spiel 24

■ **Inhalte und Ziele:**
– flexibles Verbinden von Zahlen und Operationen
– Entdecken verschiedener Rechenwege

Quelle: Spectra-Verlag, Dorsten

■ **Anzahl der Spieler/Parteien:** 1 bis ca. 4

■ **Material:** Karten mit vier Zahlen

■ **Verlauf:** Die auf den Karten vorgegebenen vier Zahlen müssen genau einmal zum Rechnen verwendet werden. Alle Grundrechenarten sind erlaubt. Wer schafft es als Erster, die Zahl 24 zu errechnen?

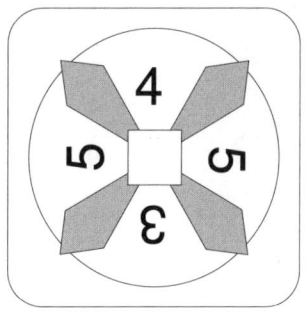

4. Neues entdecken in Klasse 4

Magico 9

Die Idee des Magico-Spiels stammt aus Südamerika. Dort zählten die Urein-wohner ursprünglich mit Rechenschnüren (Quipus), mit denen sie wichtige Mengenangaben aus ihrem Alltag festhalten konnten.

Beim Rechnen halfen Rechenbretter (Taptanas), die muldenförmige Vertie-fungen hatten. Als Rechenmaterial gehörten dazu Säckchen mit verschieden-farbigen Bohnen, zum Beispiel weiße Bohnen für Einer, rote Bohnen für Fünfer.

Lehrer aus Ecuador haben aus dem Taptana der Inkas und unseren magischen Quadraten das Rechenspiel *Magico* entwickelt. Der Vorteil gegenüber einem Rechnen auf Papier liegt darin, dass durch das ständige Tauschen und Umlegen von Perlen eine hohe Motivation entsteht, sich handelnd mit den zu Grunde liegenden arithmetischen Operationen auseinanderzusetzen.

Magico gibt es auch in einer einfacheren Version mit vier Mulden auf dem Spielbrett als *Magico 4*. Es kann bereits im ersten und zweiten Schuljahr mit der gleichen Zielsetzung wie *Magico 9* eingesetzt werden.

■ **Inhalte und Ziele:**
- Entwickeln problemlösenden Denkens und strategischen Verhaltens beim Spiel
- Förderung der Kreativität und Flexibilität im rechnerischen Umgang mit Zahlen

Quelle: Spectra-Verlag, Dorsten

■ **Anzahl der Spieler/Parteien:** 1 bis 2

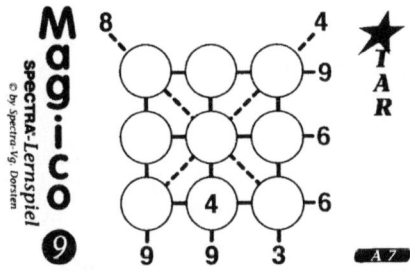

■ **Material:** ein Holzspielbrett mit neun Mulden in einer 3 × 3-Anord-nung, rote (Einer) und blaue (Fün-fer) Holzperlen, die in die Mulden gelegt werden können, 80 verschie-dene Aufgaben auf 40 Spielkarten, die in einem Fach auf dem Spielbrett aufbewahrt werden.

■ **Verlauf:**

Auf den Aufgabenkärtchen sind – den waagerecht und senkrecht angeordneten Feldern entsprechend – am Rand Ziffern angegeben. Sie geben die Summen vor, die durch das Legen von Summanden mit Hilfe der roten Einer und der blauen Fünfer erzielt werden sollen. Ein Summand ist zur Erleichterung angegeben.

Alle Rechnungen müssen in allen Richtungen richtig sein. In Einzel- oder Partnerarbeit können die Kinder mit den roten Einern und den blauen Fünfern so lange probieren, immer wieder neu rechnen und umtauschen, bis sie die richtige Kombination entdeckt haben. Im Verlauf der Bearbeitung der Aufgabenkärtchen werden die Kinder bald das Stadium des wahllosen Probierens verlassen und zu systematischeren Formen übergehen. Beim Umlegen einer Perle werden sie überlegen, welche Konsequenzen dieses Umlegen für alle drei Richtungen hat.

Spielen die Kinder als Partner zu zweit, überprüfen und steigern sie in der verbalen Auseinandersetzung mit dem Mitspieler ihre Argumentationsfähigkeit.

Die Aufgabenkärtchen führen die Kinder von leichten bis hin zu kniffligen Aufgaben, bei denen größere Zahlen verwendet werden, die durch Einer und Fünfer gelegt werden müssen. Durch die steigenden Anforderungen bleibt das Spiel über lange Zeit für die Kinder sehr reizvoll.

In dem beigefügten Lehrerbegleitheft sind zu den Aufgabenkärtchen Lösungen angegeben, die der Lehrerin eine rasche Kontrolle ermöglichen.

Die verflixte 10 000

■ **Inhalte und Ziele:**
- Abschätzen
- Berücksichtigen von Überträgen

Quelle: SCHIPPER/DEPENBROCK 1997

■ **Anzahl der Spieler/Parteien:** 1 bis 4

■ **Material:** vier Würfel, Notizblatt mit selbst gezeichneter Stellentafel, Stifte.

■ **Verlauf:**

Der Spieler wirft gleichzeitig die vier Würfel. Aus den Würfelaugen bildet er eine vierstellige Zahl und trägt sie in die erste Reihe seiner Stellentafel ein. In den nächsten Würfelrunden bildet er auf gleiche Weise eine vierstellige Zahl für die zweite und dritte Reihe. Sind alle drei Summanden vorhanden, wird addiert. Es gewinnt der Spieler, dessen Summe am nächsten an 10 000 liegt. (Die angegebene Quelle beschreibt das Spiel für die Zielzahl 1 000.)

Schatzsuche

■ **Inhalte und Ziele:**
- Ausarbeiten von Informationen nach Regeln
- Auswerten von Informationen
- logisches Schließen

Quelle: in Anlehnung an LORENZ 1997, S. 113

■ **Anzahl der Spieler/Parteien:** 2

■ **Material:** karierte Felder, Stift

■ **Verlauf:**

Eine Partei versteckt Goldstücke und stellt einen Schatzplan her, die andere Partei hat die Aufgabe, mit Hilfe des Planes die Goldstücke zu finden. Soll das Spiel als Wettkampf gespielt werden, so erhalten die Schatzsucher die gleiche Zeit zum Suchen, wie die andere Partei zum Verstecken gebraucht hat.

Für den Schatzplan gelten folgende Regeln:
1. Die Zahlen in den Feldern geben an, wie viele Goldstücke insgesamt in den (auch diagonal) angrenzenden Feldern versteckt sind.
2. Unter Zahlen liegen keine Goldstücke.
3. Auf jedem Feld darf nur ein Goldstück versteckt werden.
4. Die Gesamtzahl der versteckten Goldstücke muss genannt werden.

Ein *Beispiel* mit Plan und Lösung, auch zur Einführung der Regeln zu verwenden:

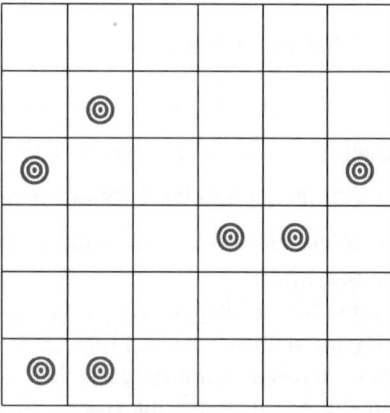

Rangieren

Bereits für Klasse 1 wurden Schiebespiele vorgestellt, die an dieser Stelle weiter fortgeführt werden sollen. Hat man erst einmal eine Lösung gefunden, stellt sich u. U. die Frage nach der Optimierung und nach der Anzahl der Lösungen, wenn man die eigene Lösung mit den Lösungen anderer vergleichen will. Die Beantwortung setzt voraus, dass man seine Lösungsschritte protokolliert, um sie später auszuwerten.

■ **Inhalte und Ziele:**
 – Entwickeln zielgerichteter Operationen zur Lageveränderung
 – Finden von geeigneten Notationsmöglichkeiten (Datenerhebung)

Quelle: VAN DELFT/BOTERMANS 1997, S. 176 f.

■ **Anzahl der Spieler/Parteien:** 1

■ **Material:** Wegepläne (zum Beispiel vorgegeben auf Karten), Gegenstände für Lokomotiven und Wagen, Notizblatt, Stift

■ **Verlauf:**
Die Züge werden auf den Wegeplan gestellt. Allein oder im Team wird nach einer Lösung gesucht. Vor der Untersuchung von weiteren Wegen werden Überlegungen angestellt, wie die einzelnen Schritte notiert werden können. Die runden Scheiben stellen die Wagen dar, die Scheiben mit L die Lokomotiven.

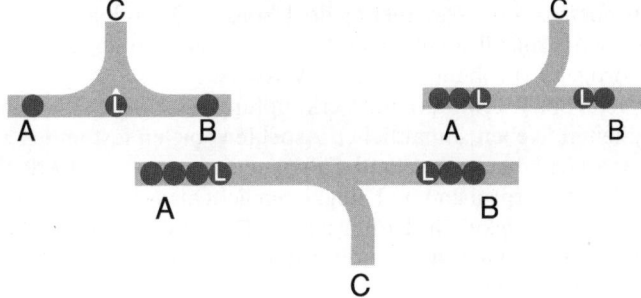

Plan links oben: Vor dem Prellbock C kann nur eine Einheit stehen. Die beiden Wagen sollen ihren Platz tauschen, die Lokomotive anschließend wieder in der Mitte stehen, wobei sie in die andere Richtung schaut.

■ **Variante:**
Die Lokomotive soll am Ende wieder in die gleiche Richtung schauen.
Plan rechts oben: Vor dem Prellbock C kann nur eine Einheit stehen. Die Züge sollen aneinander vorbeifahren.
Plan unten: Vor dem Prellbock C können höchstens zwei Einheiten stehen. Die Züge sollen aneinander vorbeifahren.

4. Fähigkeiten erproben

Am Ende eines Lernvorganges steht die Frage: „Warum lerne und übe ich?" Fähigkeiten müssen sich in neuen Kontexten erproben. In der Anwendung liegt die Legitimation für den vielleicht an manchen Stellen mühsamen Lernprozess. Anwendung und Transfer sind über den Mathematikunterricht hinaus von Bedeutung für das Erfassen und Verstehen der Umwelt.

Der natürlichste Weg, seine neu erworbenen Fähigkeiten zu erproben, findet sich in der Lebenswirklichkeit. Diesem Weg sind jedoch Grenzen gesetzt, wenn die Situation zu komplex ist.

Durch eine Simulation werden Vereinfachungen geschaffen, die die sofortige und mit Erfolg verbundene Anwendung und Erprobung der frisch gewonnenen Fähigkeiten erlauben. Spiele sind Vereinfachungen und in der Regel mit Erfolgserlebnissen verbunden. Die Erprobung der Fähigkeiten in neuen (Spiel)situationen dient der Bestätigung und der Akzeptanz, dass sich die Mühe „gelohnt" hat.

Auch unterliegen Lernzuwächse einer Hierarchie. Nicht selten ist erworbenes Wissen ein Schritt hin auf ein weiter entfernt liegendes Ziel. Dies gilt gerade dann, wenn die erworbenen Fähigkeiten notwendig sind für den weiteren mathematischen Lernprozess, nicht jedoch sofort verwendbar in der Umwelt. Für Kinder ist der Ausblick auf „später" wenig aussagekräftig. So helfen Spiele bei der sofortigen Erprobung des neuen Wissens.

Selbst einfache Spiele erfordern die Verknüpfung verschiedenster Fähigkeiten und Fertigkeiten. Neben „inhaltlichen Aspekten spielen fast immer verschiedene geistige Grundtechniken und Fähigkeiten hinein" (RADATZ/SCHIPPER 1983, S. 177). Das Erproben von Fähigkeiten geht also einher mit der Vernetzung ebendieser Fähigkeiten. Durch eine entsprechende Konstruktion oder Auswahl von Spielen kann die Lehrerin steuernden Einfluss nehmen auf den Prozess der Vernetzung.

Bei *Streichholzvierlinge* sind Kenntnisse zu Lagebeziehungen gefragt. Um Formen und Symmetrien geht es im *Symmetriedomino*.

Das Eisbärenspiel und *Würfelraten* schaffen im arithmetischen Bereich erste Möglichkeiten, die gewonnenen Fähigkeiten zu erproben. *Dominoquadrat* bietet Kindern die Möglichkeit, ohne Einsatz von Standardmethoden schon im mathematischen Anfangsunterricht eigenes Wissen einzusetzen und auf seine Tragfähigkeit bei Additionen auszuprobieren. Die Lehrerin kann durch Beobachten des Spiel- und Lösungsverhaltens wertvolle Aufschlüsse über die Vorkenntnisse der Kinder gewinnen.

NIM, ein Klassiker unter den Strategiespielen, soll deutlich machen, wie ohne einen speziellen Lerninhalt durch die Erprobung und Verknüpfung von Fähigkeiten Erfahrungen zum Mathematisieren und Argumentieren gewonnen werden können. *Zahlen-NIM* verändert das Strategiespiel, indem ein arithmetischer Bereich mit aufgenommen wird. Gerade durch das Variieren der Spielregeln „wird die Struktur eines Spieles in Abhängigkeit von den Spielregeln erst richtig erkennbar (operatives Prinzip)" (MÜLLER/WITTMANN 1977, S. 301).

Wie eng der Zusammenhang zwischen dem Erproben von Fähigkeiten und dem Entdecken von Neuem oft ist, zeigt die Einordnung von Strategiespielen (zum Beispiel *Turm von Hanoi*) in das Kapitel 3. Die Grenzen zu den anderen Bereichen sind fließend. *The Game of Tri*, *Wegelotto* und *Formen-Memory* geben Möglichkeiten zur Erprobung von Spieltaktiken, Linien und Formen. Eine andere Möglichkeit, seine Fähigkeiten zu erproben, bietet *Zahlensuche* als Anfangsbeispiel für die Klasse 3. Die bekannten Grundrechenarten werden in Zusammenhang gebracht. Durch geschicktes Kombinieren entstehen Erfolge bei der Suche nach Zielzahlen. Dabei sind in der Regel mehrere Lösungswege möglich, so dass die Kinder ihr Wissen individuell einsetzen können. Auch *Schmetterlingsjagd* verlangt auf seine Weise die Kombination von Zahlen und Operatoren. Rechnen, Kombinieren und vorausschauendes Denken vereinigt *Mattix* in herausfordernder Weise miteinander. *Rot – Blau – Grün* ist ein etwas ungewöhnliches Wegespiel zum Addieren und Subtrahieren. Anwenden von Kenntnissen über Bildung von Folgen und dazu auch das Erfinden eigener Folgen wird bei *Eluisis* verlangt, wobei trotz vielfältiger Recherchen nicht herauszufinden war, woher dieser Name stammt. Kombinatorische Herausforderungen finden sich schließlich beim *Farbwürfel beißen*. Mit *Nahe an die 1 000* und *Zahlen umbauen* wird der Taschenrechner „ins Spiel" gebracht. Beim Umgang mit großen Zahlen kann der Taschenrechner als Werkzeug helfen, wenn es um das Erproben von Einsichten, um Verständnis und Entdecken von weiteren Zusammenhängen geht. *Superhirn* ist eine Zahlen-Variante zum Master-Mind. Bei *Vielfachen und Teiler*, einer Spielidee aus einem älteren Schulbuch, können Kenntnisse zur Multiplikation und Division erprobt werden.

Am Ende soll mit *Monopoly* noch ein „richtiges" Gesellschaftsspiel zur Geltung kommen. Aber vermutlich hat auch dieses Spiel mit Mathematik zu tun.

1. Fähigkeiten erproben in Klasse 1

Streichholzvierlinge

■ **Inhalte und Ziele:**
 - Klassifizieren (gleiche und verschiedene Streichholzbilder erkennen)
 - Bilder durch Drehen ineinander überführen
 - geschickt (vorausschauend) Strategien anwenden

Quelle: CARNIEL/SPIEGEL 1997

■ **Anzahl der Spieler/Parteien:** 2 bis 3

■ **Material:** 24 Karten mit Lageabbildungen von vier (Streich)hölzern, vier (Streich)hölzer

■ **Verlauf:**
Streichhölzer werden aneinander gelegt, aber nur am Anfang oder Ende und linear oder im rechten Winkel zueinander. Spiegelbilder werden nicht unterschieden. Jeder Spieler erhält fünf Karten, eine weitere Karte wird als Anfangskarte ausgelegt. Das auf dieser Karte zu sehende Streichholzbild wird mit echten Streichhölzern nachgelegt. Die Spieler sind der Reihe nach am Zug und jeder prüft, ob durch Umlegen genau eines Streichholzes ein neues Bild erzeugt werden kann, das auf seinen fünf Karten vorhanden ist. Ist es so, legt er die Karte auf der Ausgangskarte ab.
Diese wird so zur Ausgangskarte für den nächsten Spieler. Kann er kein Bild legen, das den Bildern auf seinen Karten entspricht, muss er, solange der Vorrat reicht, von den noch nicht verteilten Karten eine weitere aufnehmen.
Gewonnen hat, wer zuerst seine Karten abgelegt hat.

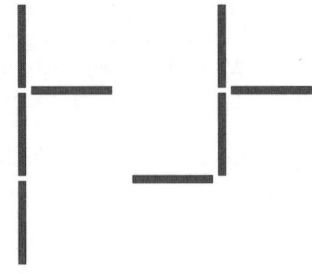

■ **Variante:**
Dieses Spiel ist eine einfachere Version von *Digit*, das mit Fünflingen gespielt wird und 55 Legefiguren umfasst. Es ist im Handel erhältlich.

Symmetriedomino

■ **Inhalte und Ziele:**
 – Achsensymmetrie verwenden

Quelle: HOMANN 1997

■ **Anzahl der Spieler/Parteien:** 1 bis 2

■ **Material:** 15 Dominokarten, jedes Teildomino besteht aus einem quadratischen 3 × 3-Feld mit unterschiedlichen Färbungen (siehe Kopiervorlage in der Quellenangabe)

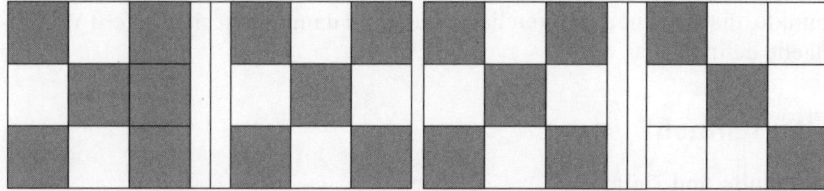

■ **Verlauf:**
Eine Dominokarte wird als Anfangskarte gelegt, die restlichen Karten werden an die beiden Spieler aufgeteilt. Abwechselnd wird versucht anzulegen. Wer nicht anlegen kann, setzt aus. Gewonnen hat der Spieler, der am Ende keine oder die wenigsten Karten zurückbehalten hat. Das Spiel kann als Anlegespiel auch alleine gespielt werden.

Das Eisbärenspiel

„Löcher" sind Würfelpunkte in der Mitte der Würfelbilder, „Eisbären" versammeln sich nur dort, wo Löcher sind, und werden durch die Würfelpunkte dargestellt, die sich um einen mittleren Punkt herumgruppieren. Also:

    keine Löcher, also auch keine Eisbären

 1 Loch
(leider) 0 Eisbären

 1 Loch
2 Eisbären

 1 Loch
4 Eisbären

■ **Inhalte und Ziele:**
 – Diskriminieren von Würfelbildern
 – Diskriminieren innerhalb eines Würfelbildes (Loch und Bären)
 – Addieren
 – Addieren ohne Anschauung (Fische)

■ **Anzahl der Spieler/Parteien:** 2 bis 4

■ **Material:** sechs Würfel, Notizblatt, Stift, Spielchips

■ **Verlauf:**
Die Darstellung von Löchern und Eisbären durch Würfelbilder ist bekannt. Es wird reihum mit sechs Würfeln gewürfelt. Jedes Kind notiert die Anzahl seiner Eisbären und seiner Löcher. Wer die höchste Eisbärenzahl hat, erhält einen Chip, einen weiteren gibt es für die höchste Anzahl von Löchern. Nach einigen Runden wird abgerechnet.

■ **Variante:**
Nun kommen noch Fische hinzu. Fische werden dargestellt durch die Würfelpunkte, die sich auf der unten liegenden (und damit nicht sichtbaren) Würfelfläche befinden.

Würfelraten

■ **Inhalte und Ziele:**
 - geschicktes Addieren (Assoziativität ausnutzen)
 - Zerlegung von Summen in drei Summanden
 - systematisches Zerlegen

Quelle: WITTMANN/MÜLLER 1990, S. 50 f.

■ **Anzahl der Spieler/Parteien:** ab 2

■ **Material:** drei Würfel, Notizblatt, Stift

■ **Verlauf:**
Die Kinder können beim Spielen ihre rechnerische Fertigkeit und Fähigkeit auf vielfältige Weise erproben und immanent – bei der systematischen Ermittlung möglicher Zahlzerlegungen – erste Erfahrung zu der Verteilung von Häufigkeiten gewinnen.
Ein Spieler würfelt verdeckt mit den drei Würfeln und nennt die Augensumme. Die Mitspieler versuchen, reihum durch Nachfragen die Augen der einzelnen Würfel zu erraten. Geantwortet wird nur mit „Ja" oder „Nein".

■ **Variante:**
Die Spielregel wird ergänzt. Jetzt muss auch die Position der Würfel (1., 2., 3. Summand) erraten werden.

Dominoquadrat

■ **Inhalte und Ziele:**
- kombinatorisches Handeln
- Anwenden von Kenntnissen über Zahlenbeziehungen
- Entwickeln von eigenen Aufgabenstellungen

Quelle: HOLZWARTH/LORENZ 1997

■ **Anzahl der Spieler/Parteien:** 1 bis 2

■ **Material:** 28 Dominosteine von der Doppel-Null bis zur Doppel-Sechs

■ **Verlauf:**

Allein, in Partnerarbeit oder im Wettkampf gegeneinander werden vier Dominosteine so zu einem Quadrat gelegt, dass auf den waagerechten und senkrechten Seiten eine vorher festgelegte, überall gleiche Augenzahl erscheint.

■ **Varianten:**

1. Es wird keine Zielzahl vorgegeben.

2. Es werden größere Quadrate mit sechs oder acht Steinen gelegt. Auch hier kann die Augenzahl vorgegeben werden oder nicht.

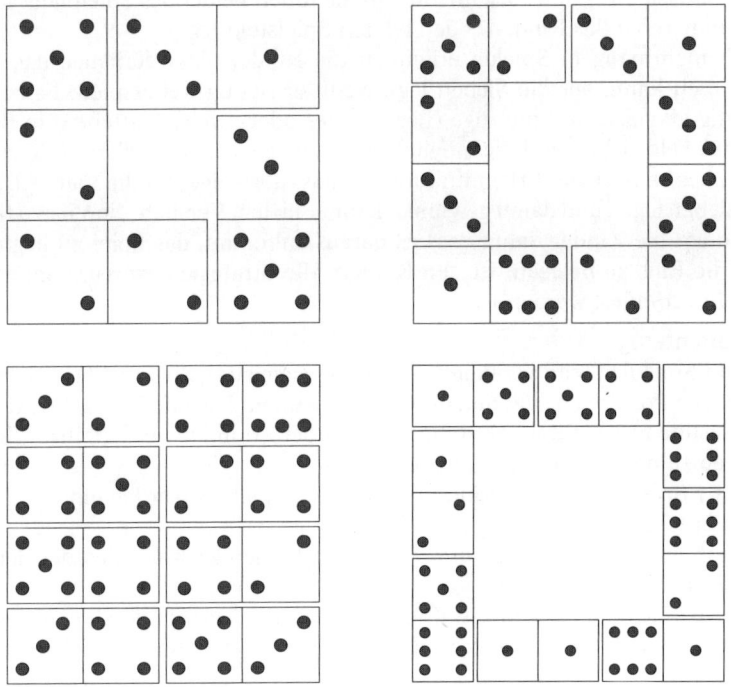

2. Fähigkeiten erproben in Klasse 2

NIM

■ **Inhalte und Ziele:**
- Schulen des flexiblen Denkens durch Vergleichen ständig neu entstehender Konstellationen in Bezug auf vereinbarte Regeln
- Anbahnen und Entwickeln einer Gewinnstrategie durch Reflektieren von Spielzügen auf enaktiver Ebene.

Quelle: MÜLLER/WITTMANN 1977, S. 64 ff.

■ **Anzahl der Spieler/Parteien:** 2

■ **Material:** ein Spielplan, rote und blaue Plättchen

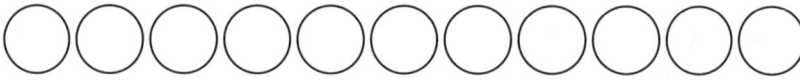

■ **Verlauf:**
Die beiden Kinder einigen sich darauf, wer beginnt. Es werden jeweils ein oder zwei Spielsteine – links beginnend – in die freien Felder des Spielplans gelegt. Gewonnen hat das Kind, das den letzten Spielstein legt.

Nach mehrmaligem Spielen erkennen die Kinder, dass derjenige das Spiel gewinnen kann, der die Sieben legt, wenn er richtig weiterspielt. Es ist also wichtig, die eigenen Spielzüge (Legen eines oder zweier Plättchen) in Bezug auf das Feld sieben und die möglichen Spielzüge des Mitspielers zu überdenken. Dies kann zu der Erkenntnis führen, dass derjenige, der die Vier legt, auch die Sieben legen und damit gewinnen kann. Bei dem Versuch, die Vier zu legen, erkennen die Kinder dann, dass es darauf ankommt, das Spiel zu beginnen und die Eins zu belegen. Ist den Kindern die Strategie bewusst, können die Regeln verändert werden.

■ **Varianten:**
1. Der Spielplan wird verändert. Es wird beispielsweise bis zwölf gespielt. Die günstigen Positionen sind nun drei, sechs, neun und zwölf. Beim schrittweisen Herausfinden der Strategie sollten die Kinder ermutigt werden, ihre Überlegungen zu den Alternativen aufzuzeichnen.

2. Eine Spielregel wird verändert: Bei jedem Spielzug werden ein, zwei oder drei Plättchen gelegt.

3. Eine andere Spielregel wird verändert: Dasjenige Kind, das den letzten Spielstein legt, hat verloren.

4. Bevor das Spiel beginnt, soll überlegt werden, wie am geschicktesten gespielt werden kann. Aufgabe: Es soll bis elf (oder 18) gespielt werden.

Zahlen-NIM

Das oben beschriebene *NIM* kann auch als Zahlenspiel gespielt werden. Damit wird neben den strategischen Überlegungen die arithmetische Komponente in entscheidendem Maße einbezogen.

■ **Inhalte/Ziele:**
- Schulen des flexiblen Denkens durch Vergleichen ständig neu entstehender Konstellationen in Bezug auf vereinbarte Regeln
- Anbahnen und Entwickeln einer Gewinnstrategie durch Reflektieren von Spielzügen auf symbolischer Ebene
- Trainieren der Rechenfertigkeit

Quelle: MÜLLER/WITTMANN 1977, S. 66

■ **Anzahl der Spieler/Parteien:** 2

■ **Material:** Gegebenenfalls ein Spielplan mit leeren Feldern und Pfeilverbindungen, zwei Bleistifte

■ **Verlauf:**

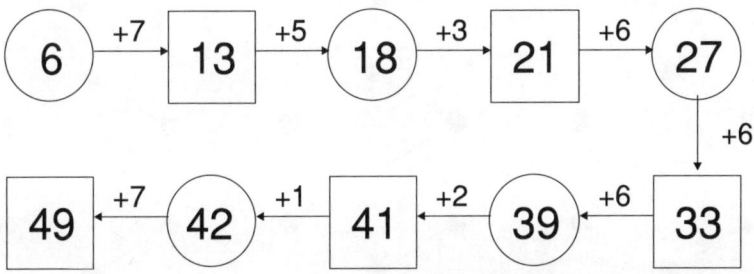

Die beiden Kinder (gekennzeichnet im Spielplan durch Kreis oder Viereck) spielen gegeneinander. Es wird vereinbart, wer mit dem Spiel beginnt. Das erste Kind nennt eine Zahl von 1 bis 7 und schreibt diese in den ersten Kreis. Das zweite Kind addiert eine Zahl von 1 bis 7 und schreibt das Ergebnis in das erste Viereck. Im weiteren Verlauf des Spiels wird abwechselnd von jedem Kind eine Zahl zwischen 1 und 7 zu dem vorherigen Ergebnis addiert und im Spielplan notiert. Das Kind, das die Zahl 49 erreicht, hat gewonnen.

The Game of Tri

■ **Inhalte und Ziele:**
- Freihandzeichnen
- vorausschauendes Denken

Quelle: RADATZ/RICKMEYER 1991, S. 158

■ **Anzahl der Spieler/Parteien:** 2

■ **Material:** Notizblatt, zwei verschiedenfarbige Stifte

■ **Verlauf:**

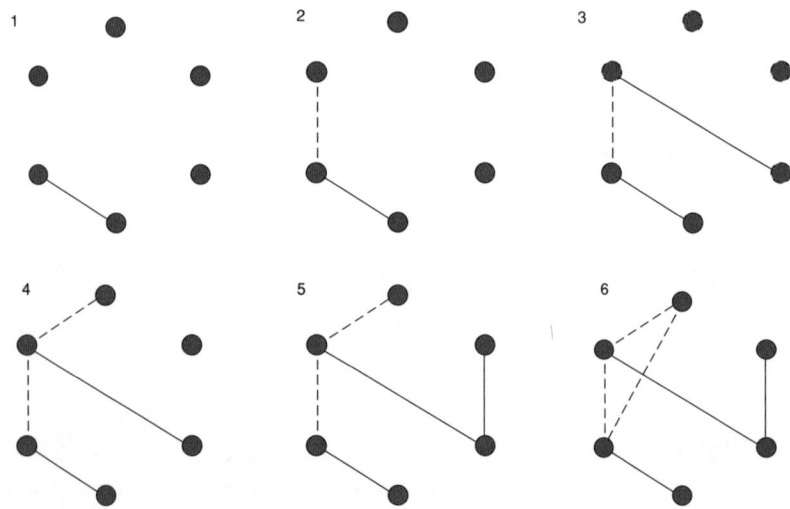

Auf dem Papier werden sechs Punkte, von denen keine drei auf einer Geraden liegen (regelmäßiges Sechseck), gezeichnet. Abwechselnd verbinden die beiden Spieler mit ihrer Farbe die Punkte. Es gewinnt der Spieler, dem es gelingt, ein Dreieck aus seiner Farbe zu zeichnen.

■ **Variante:**
Veränderung des Spielplans (fünf Punkte, acht Punkte, ...).

Wegelotto

■ **Inhalte und Ziele:**
- geschlossene und offene Wegenetze konstruieren
- symmetrische Netze legen

Quelle: RADATZ/RICKMEYER 1991, S. 112

■ **Anzahl der Spieler/Parteien:** 1 bis 4

■ **Material:** 48 quadratische Karten (Kantenlänge ungefähr 5 cm), davon 16 Kurven, 16 Geraden, 8 Kreuzungen, 8 T-Kreuzungen

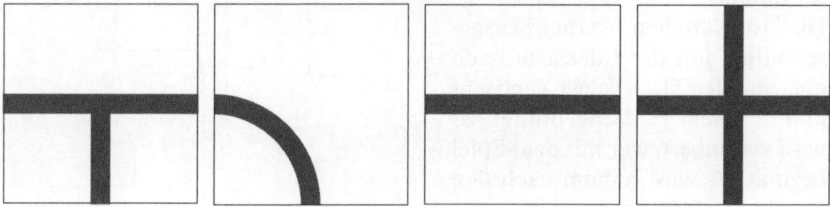

■ **Verlauf:**
Nach dem Mischen erhält jeder Spieler sechs Karten, die restlichen liegen verdeckt auf einem Stapel. Eine Karte wird als Anfangskarte vom Stapel gezogen. Reihum wird angelegt. Anlegen, das zu einer Sackgasse führt, ist nicht erlaubt. Wer nicht anlegen kann, muss eine Karte vom Stapel ziehen. Gewonnen hat, wer zuerst alle Karten abgelegt hat.

■ **Varianten:**

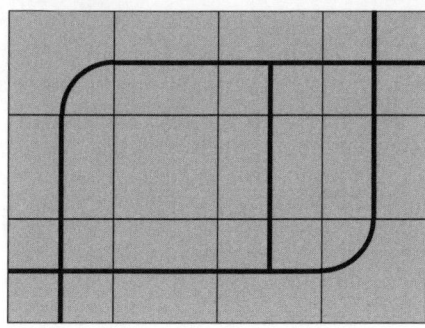

1. Es spielen zwei Kinder. Nachdem eine Spiegelachse gezogen wurde, werden Karten und „Spiegelkarten" gelegt, so dass eine symmetrische Figur entsteht.
2. Ein geschlossenes Netz muss gelegt werden (für Alleinspieler).

Formen-Memory

■ Inhalte und Ziele:
– Erkennen und Unterscheiden geometrischer Formen und Körper (Kreis, Dreieck, Quadrat, Rechteck, Würfel, Quader, Zylinder, Kugel)

Quelle: HERBST u. a. 1996, S. 21

■ Anzahl der Spieler/Parteien: ab 2

■ Material: ein Spielplan mit 16 Memory-Kärtchen

■ Verlauf:
Die 16 Kärtchen werden ausgeschnitten, mit der Rückseite nach oben auf den Tisch gelegt, gemischt und in einem Feld angeordnet. Es wird vereinbart, wer mit dem Spiel beginnt. Es wird reihum nach den Regeln des Memory gespielt.

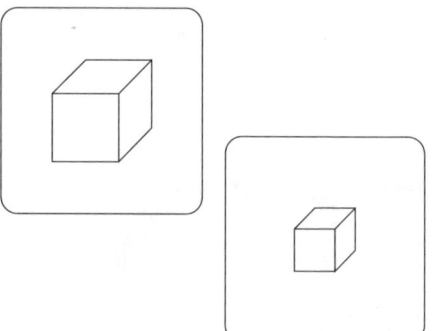

3. Fähigkeiten erproben in Klasse 3

Zahlensuche

Addieren, Subtrahieren, Multiplizieren und Dividieren mit kleinen Zahlen dürften für Kinder in der 3. Klasse keine große Herausforderung bedeuten. Zwar kann Kopfrechnen nie schaden, von Fähigkeiten erproben kann aber in diesem Zusammenhang erst einmal keine Rede sein. Stellt man das Wissen jedoch in einen neuen Kontext, ergeben sich neue Anwendungsbereiche.
Welche Zielzahlen lassen sich erreichen, wenn man die Zahlen 2, 3 und 5 beliebig miteinander verknüpft?

Beispiele:
$2 + 3 + 5 = 10$ $(2 + 3) \cdot 5 = 25$ $(5 - 3) : 2 = 1$

Eine Vielzahl von unterschiedlichen Ergebnissen ist also möglich, viele lassen sich auf verschiedenen Rechenwegen erreichen.

Inhalte und Ziele:
- Anwenden der Grundrechenarten
- Assoziativ- und Distributivgesetz verwenden
- kombinatorische Grundfähigkeiten erproben

Anzahl der Spieler/Parteien: 2 bis 5

Material: drei Würfel, vorbereitete Kärtchen mit vier Zielzahlen, in jeder Ecke eine Zahl, Spielchips

Verlauf:

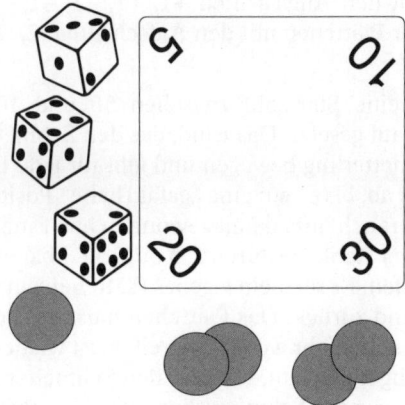

Die Kärtchen liegen verdeckt auf einem Stapel. Die oberste Karte wird jeweils aufgedeckt. Ein Mitspieler würfelt. Jedes Kind versucht nun, eine oder mehrere Zielzahlen mit den gewürfelten drei Zahlen zu erreichen.
Jede Würfelzahl darf pro Zielzahl nur einmal verwendet werden. Wer als erster eine Zahl errechnet hat, begründet seinen Rechenweg und kann – bei richtiger Lösung – die erreichte Zielzahl mit einem Chip zudecken. Sind alle Zielzahlen erreicht oder werden keine weiteren Lösungen gefunden, erhalten die Spieler die Chips, mit denen sie ihre Zielzahlen abgedeckt haben. Eine neue Runde beginnt.

(Leichtere) Varianten:
1. Es müssen nicht alle drei gewürfelten Zahlen verwendet werden. Man darf auch mit zwei Zahlen ein Ergebnis errechnen.
2. Es werden mehr als drei Würfel verwendet. Die drei „günstigsten" Zahlen werden benutzt.

Schmetterlingsjagd

■ **Inhalte und Ziele:**
- Anwenden von Einmaleinskenntnissen
- Zerlegen von Vielfachen zu 2, 3 und 5
- Ausnutzen der Teilbarkeitsregeln zu 2, 3 und 5

Quelle: WINTER 1994, S. 33 f.

■ **Anzahl der Spieler/Parteien:** 2

■ **Material:** Hunderterstreifen (Maßband), ein Spielstein als Schmetterling, acht Plättchen mit den Aufschriften +1, +1, –1, –1, +2, +2, –2, –2 für den Schmetterling, vier Plättchen mit den Aufschriften :2, :2, :3, :5 für den Fänger

■ **Verlauf:**
Zu Beginn wird eine Startzahl zwischen 50 und 100 festgelegt und der Schmetterling darauf gesetzt. Das Kind, das den Schmetterling spielt, beginnt. Es kann den Schmetterling bewegen und gibt für jede Bewegung ein entsprechendes Plättchen ab, bis es auf eine „gefährliche" Position kommt oder bis es alle Plättchen verbraucht und damit gewonnen hat. Eine „gefährliche" Position ist ein Feld mit einer Zahl, die durch 2, 3 oder 5 teilbar ist. Jetzt kann und muss der Fänger eingreifen. Er setzt ein eigenes Plättchen ein und setzt den Schmetterling entsprechend zurück. Das Plättchen muss er allerdings dann abgeben. Kann der Fänger nicht mehr weiter eingreifen, ist wieder der Schmetterling an der Reihe. Der Fänger gewinnt, wenn er den Schmetterling auf ein Zahlenfeld unter 10 bringt, bevor der Schmetterling alle seine Plättchen ausgespielt hat. Der Schmetterling gewinnt, wenn er nach Abgabe seiner Plättchen auf einem Zahlenfeld größer als 9 steht.

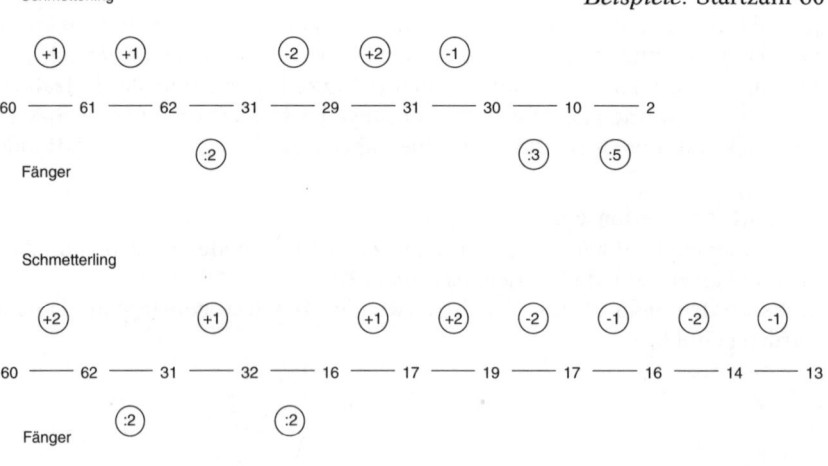

Beispiele: Startzahl 60

Mattix

■ **Inhalte und Ziele:**
- Addieren (auch unter Einbeziehung negativer Zahlen)
- vorausschauendes Denken

Quelle: Att. Ljoeba Dayan, Orda Industries, Kibbuz Malkia, Israel 13845, ausführlich kommentiert in: *Die Grundschulzeitschrift* Heft 52/1992, S. 46

■ **Anzahl der Spieler/Parteien:** 2

■ **Material:** Spielfeld mit 8 × 8 Vertiefungen, 63 Spielsteine mit Zahlen von –10 bis 15, ein Markierstein mit aufgedrucktem Symbol

■ **Verlauf:**
Die 64 Spielsteine werden mit der Zahlseite nach oben wahllos auf dem Spielfeld platziert. Abwechselnd wird ein Stein vom Spielfeld genommen. Ein Spieler darf nur Steine aus waagerechten Reihen, der andere nur aus senkrechten Reihen entnehmen. Der Markierstein bestimmt durch seine Lage, aus welcher waagerechten bzw. senkrechten Reihe der Stein entfernt werden darf. Innerhalb der Reihe darf der Spieler allerdings frei wählen. Ist der Stein entnommen, wandert der Markierstein auf das frei werdende Feld, so dass nach jedem Zug sich die jeweiligen Entnahmereihen ändern.
Ziel des Spieles ist es, mit den Zahlenwerten der entnommenen Spielsteine eine möglichst große Summe anzusammeln. Da man durch die Entnahme eines Steines gleichzeitig auch die neue Lage des Markiersteines bestimmt und somit auch die Reihe, aus der der Mitspieler entnehmen darf, kann durch vorausschauende Planung versucht werden, den Gegner an der Entnahme von Steinen mit großen Zahlenwerten zu hindern.

■ **Variante:**
Durch Herausnahme der Steine mit negativen Zahlen wird die Abrechnung vereinfacht, so dass auch jüngere Kinder das Spiel problemlos spielen können. Da den Autoren keine zur Zeit aktuellen Vertriebsadressen in Deutschland bekannt sind, bleibt nur der Bestellversuch unter der angegebenen Adresse in Israel oder der Nachbau des Spieles.

Rot – Blau – Grün

■ **Inhalte und Ziele:**
  – Additives Operieren mit Zehnerüberschreitung

Quelle: nach einer Idee von DIENES

■ **Anzahl der Spieler/Parteien:** ab 2

■ **Material:** mit Folie überzogener Spielplan (Kopiervorlage 5, S. 108), ein Würfel mit je zwei roten, grünen und blauen Punkten, verschiedenfarbige Spielsteine (für jeden Spieler eine Farbe), Farbstifte in der Farbe der Spielsteine (wasserlöslich)

■ **Verlauf:**
Der Spielplan wird ausgelegt, alle Spielsteine werden auf Start gesetzt. Die Spielregeln sollen nach Möglichkeit von den Kindern durch Analysieren des Planes herausgefunden werden. Fragestellungen sind: „Was muss gerechnet werden, wenn die rote, blaue, grüne Linie überschritten wird?"

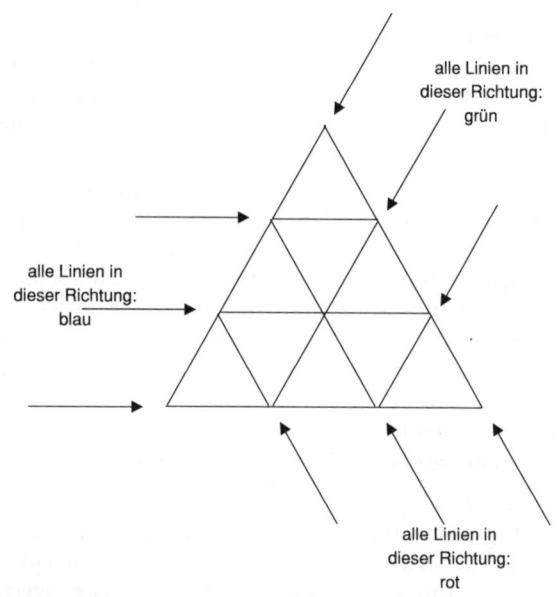

alle Linien in dieser Richtung: grün

alle Linien in dieser Richtung: blau

alle Linien in dieser Richtung: rot

1. Es wird festgelegt, wer beginnt.
2. Die Figur wird auf das Startfeld gesetzt.
3. Es wird gewürfelt.
4. Jeder darf nur die Linie überschreiten, die er mit dem Farbwürfel erwürfelt hat.
5. Ist das Feld frei, rechnet der Spieler die Aufgabe aus und trägt mit seinem Farbstift das Ergebnis in das freie Feld ein.
6. Danach rückt er mit seinem Spielstein auf das Feld vor.
7. Gewonnen hat, wer die meisten Felder erobert hat.

Eluisis

■ **Inhalte und Ziele:**
- Kenntnisse über Bildung von Folgen anwenden
- Erfinden von Folgen

Quelle: KRAMPE/MIDDELMANN 1987, S. 125

■ **Anzahl der Spieler/Parteien:** 3 bis 6

■ **Material:** Spielkarten (zum Beispiel zwei Sätze Skatkarten)

■ **Verlauf:**
Ein Kind wird zum Spielleiter bestimmt. Es überlegt sich eine Gesetzmäßigkeit, nach der die Karten gelegt werden sollen, verrät diese aber nicht. Die Karten werden unter den Mitspielern gleichmäßig aufgeteilt. Reihum wird eine Karte gelegt. Der Spielleiter entscheidet, ob die Karte angelegt werden darf oder auf einem Haufen abgelegt werden muss. Die Mitspieler versuchen, das Folgegesetz zu entdecken. Gelingt dieses nicht im ersten Durchgang, werden die auf dem Haufen abgelegten Karten gemischt und neu verteilt. Wer als erster die Gesetzmäßigkeit nennen kann, wird neuer Spielleiter.
Beispiele für Gesetzmäßigkeiten:
● abwechselnd eine rote und eine schwarze Karte
● abwechselnd ein Bild und eine Zahl
● abwechselnd rotes Bild und schwarze Zahl usw.

Farbwürfel beißen

■ **Inhalte und Ziele:**
- Kombinieren nach Regeln
- Argumentieren

Quelle: HOMANN 1995, S. 43 f. und S. 47 (Kopiervorlage)

■ **Anzahl der Spieler/Parteien:** 1 bis 2

■ **Material:** Spielplan mit 4 × 4 quadratischen Feldern, 16 Würfel in vier Farben, je vier in einer Farbe (zum Beispiel Steckwürfel)

■ **Verlauf:**
Allein oder in Partnerarbeit sollen die 16 Würfel so auf dem Spielfeld platziert werden, dass in jeder Zeile, in jeder Spalte und in jeder Diagonalen jede Farbe vorkommt.

4. Fähigkeiten erproben in Klasse 4

Nahe an die 1000

Im Zeitalter neuer Medien und Technologien hat der Taschenrechner in die Umwelt der Kinder Einzug gehalten. Auch in der Grundschule wird man mit diesem Gerät leben müssen und können. Der sinnvolle Umgang mit ihm ist gefragt und Möglichkeiten des entdeckenden Lernens können mit ihm zugänglich gemacht werden. „Das Problem des Taschenrechners im Unterricht ist kein Problem des Taschenrechners, sondern des Unterrichts. In einem starren und einfallsarmen Unterricht wird auch der Taschenrechner kaum die Wende zum offenen und entdeckenden Lernen bringen. In einem guten Unterricht dagegen lassen sich viele Möglichkeiten finden, den Taschenrechner anregend einzubeziehen" (FLOER 1990, S. 27).

Quelle: FLOER 1990, S. 28

■ **Inhalte und Ziele:**
- Zahlen erzeugen und gezielt verändern
- das Distributivgesetz nutzen
- Überschlagsrechnungen machen
- Entscheidungen vorausschauend treffen (bezogen auf die Zielzahl)
- den Taschenrechner verwenden

■ **Anzahl der Spieler/Parteien:** 2 bis 6

■ **Material:** Ziffernkarten von 0 bis 9, Notizzettel, Taschenrechner

■ **Verlauf:**
Ziel des Spiels ist es, in vier Runden möglichst nahe an die 1000 zu kommen. In jeder Runde werden zwei Ziffernkarten gezogen, die von jedem Mitspieler nach eigenem Gutdünken verwendet werden als eine zweistellige Zahl oder als zwei einstellige Zahlen, mit denen nach Belieben addiert, subtrahiert, multipliziert und (eingeschränkt) dividiert werden darf.
Natürlich braucht man bei diesem Spiel auch das notwendige Quäntchen Glück. Wie hätte die Situation für die drei Kinder in diesem Beispiel ausgesehen, wenn in der dritten Runde eine 7 und eine 9 gezogen worden wären? Claudia und Jannis könnten weiterhin addieren, Manuela steht vor einem Problem. Bei einer Multiplikation mit 79 oder 97 wäre sie weit über 1000 gekommen. Sie muss daher prüfen:
$(59 + 7) \cdot 9$, $(59 - 7) \cdot 9$, $(59 + 9) \cdot 7$ und $(59 - 9) \cdot 7$.

Durch Überschlagsrechnung erhält sie:

$(59 + 7) \cdot 9$	$(59 - 7) \cdot 9$	$(59 + 9) \cdot 7$	$(59 - 9) \cdot 7$
$66 \cdot 10 = 660$	$52 \cdot 10 = 520$	$70 \cdot 7 = 490$	$50 \cdot 7 = 350$

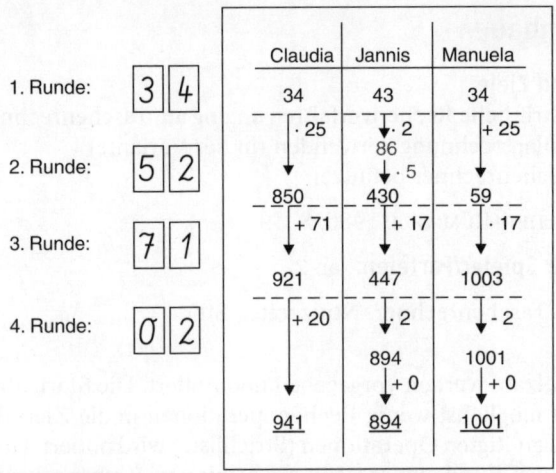

		Claudia	Jannis	Manuela
1. Runde:	3 4	34	43	34
		· 25	↓ · 2	↑ + 25
2. Runde:	5 2		86	
			↓ · 5	
		850	430	59
		↑ + 71	↑ + 17	↑ · 17
3. Runde:	7 1			
		921	447	1003
		↑ + 20	↓ · 2	↓ - 2
4. Runde:	0 2		894	1001
			↓ + 0	↓ + 0
		941	894	1001

Mit (59 – 7) · 9 und (59 + 9) · 7 lassen sich Zahlen nahe der 500 erreichen.
Damit verbunden ist die Hoffnung auf die Ziffernkarte 2 im nächsten Durchgang. Zur Entscheidung müssen die genauen Ergebnisse herangezogen werden. Der Taschenrechner wird benutzt.
Allerdings könnte auch (59 – 9) · 7 = 350 interessant sein, wenn in der letzten Runde die Ziffernkarte 3 aufgedeckt würde.
Die genauen Werte als Grundlage für weitere Entscheidungen verschafft Manuela sich über den Taschenrechner.

Vielfache und Teiler

■ **Inhalte und Ziele:**
 – Kenntnisse über Vielfache und Teiler in Beziehung setzen

Quelle: BOBROWSKI u. a. 1980, S. 18

■ **Anzahl der Spieler/Parteien:** 1 bis 2

■ **Material:** 20 Aufgabenkärtchen (Kopiervorlage 6, S. 109)

■ **Verlauf:**
Die Kärtchen werden gemischt und zwischen den beiden Parteien aufgeteilt. Es wird ausgelost, wer beginnt. Abwechselnd wird versucht ein Kärtchen anzulegen. Angelegt werden darf (nach oben, unten oder zur Seite), wenn eine der beiden folgenden Bedingungen erfüllt ist:
● a ist Vielfaches von b
● a und b haben einen gemeinsamen Teiler.
Wer nicht anlegen kann, muss eine Runde warten.

Zahlen umbauen

■ **Inhalte und Ziele:**
- Halbschriftliche Rechenverfahren analog am Taschenrechner ausführen
- Überschlagsrechnung verwenden (in der Variante)
- den Taschenrechner benutzen

Quelle: LÖRCHER/RÜMMELE 1986, S. 39

■ **Anzahl der Spieler/Parteien:** ab 2

■ **Material:** Taschenrechner, Notizzettel, Stift

■ **Verlauf:**

Start- und Zielzahl werden vorgegeben und notiert. Die Startzahl wird einge-
tippt und mit möglichst wenig Rechenoperationen in die Zielzahl überführt.
Die Zahl der benötigten Operationen (Strichliste) wird notiert. Gewonnen hat,
wer nach einigen Runden insgesamt am wenigsten Rechenoperationen benötigt hat.

Beispiel: Von 18 076 nach 65 391

Oder:

18 076 +	5	=	18 081	18 076 −	5	= 18 071
18 081 +	10	=	18 091	18 071 +	320	= 18 391
18 091 +	300	=	18 391	18 391 + 47 000		= 65 391
18 391 +	7 000	=	25 391			
25 391 +	40 000	=	65 391			

■ **Varianten:**

1. Beschränkung der Operationsrichtung. Ist die Startzahl kleiner als die
Zielzahl, dürfen nur Additionen verwendet werden. Ist die Startzahl größer
als die Zielzahl, dürfen nur Subtraktionen verwendet werden.

2. Die Verwendung von Multiplikationen und Divisionen wird belohnt, indem
dieser Rechenschritt nicht mitgezählt wird.

Beispiel: Von 18 076 nach 65 391

18 076 ·	3	= 54 228	Faktor 3 durch Überschlagsrechnung gefunden
54 228 +	11 000	= 65 228	
65 228 +	100	= 65 328	
65 328 +	63	= 65 391	

Notiert werden drei Rechenschritte, denn die Multiplikation wird nicht mitgezählt. Die Verwendung der Division setzt allerdings die Kenntnis von
Teilbarkeitsregeln voraus.

Superhirn

■ **Inhalte und Ziele:**
  – Experimentieren mit Permutationen

Quelle: RADATZ/SCHIPPER 1983, S. 171

■ **Anzahl der Spieler/Parteien:** 2

■ **Material:** Papierstreifen mit Rechenkästchen, Stifte

■ **Verlauf:**
Der Papierstreifen wird durch einen senkrechten Strich in ein Zahlenfeld und ein Informationsfeld geteilt. Ein Spieler schreibt verdeckt eine Zahl auf, der andere versucht, diese Zahl zu erraten. Nach jedem aufgeschriebenen Rateversuch erhält er eine Rückmeldung über die Übereinstimmung mit der gesuchten Zahl. Jede richtige Ziffer wird im Informationsfeld durch einen Strich dargestellt, jede richtige Ziffer an der richtigen Stelle durch ein Kreuzchen.
Beispiel:

4	9	5	8	I	I		
4	5	3	7	X	I		
4	5	1	0	X	I	I	
4	5	1	2	X	I	I	I
4	5	2	1	X	X	I	I
2	5	4	1	X	X	X	X

Die Stellung der Informationszeichen ist also unabhängig von der Reihenfolge der Ziffern.

■ **Variante:**
Das Spiel wird einfacher, wenn die Informationszeichen stellengerecht angegeben werden. Ein Strich bedeutet dann, die Ziffer auf dieser Position ist in der Zahl enthalten, steht aber noch nicht an der richtigen Stelle; ein Kreuz bedeutet, diese Ziffer ist richtig und an der richtigen Position.
Beispiel:

4	9	5	8	I		I	
4	5	3	7	I	X		
1	5	4	0	I	X	X	
2	5	4	1	X	X	X	X

MONOPOLY

Die vorliegende Spielesammlung hat sich mit Spielideen beschäftigt, die in der fachdidaktischen Literatur zu finden sind. Manches Würfelspiel begegnet uns zwar auch im Alltag und *NIM* beispielsweise ist als amüsantes Streichholzknobelspiel bekannt. Mit den zahlreichen Gesellschaftsspielen haben wir uns aber nicht beschäftigt. Dass in solchen Spielen eine ganze Menge Mathematik stecken kann, soll abschließend durch eine kurze Betrachtung eines Brettspieles belegt werden, das zu den bekanntesten der Welt gehört: *MONOPOLY* (Gesellschaftsspiel von Parker Brothers, eine Niederlassung von Tonka Corporation, Beverly MA 01915, USA).

In diesem weit verbreiteten Gesellschaftsspiel, das in verschiedenen Versionen vorliegt und nach umfangreichen Spielregeln, aber auch nach einer vereinfachten Variante gespielt werden kann, werden reale Situationen aus der Geschäftswelt (Immobilienbereich) in vereinfachter Form simuliert und mit dem Ziel durchgespielt, durch An- und Verkauf von Besitzrechten sowie Vermietung von Grundstücken, Häusern und Hotels der reichste Spieler zu werden. Bei allen sachbezogenen Transaktionen steht also der Umgang mit Geld im Mittelpunkt. Wichtig in dem Zusammenhang „Fähigkeiten erproben" sind in diesem Rahmen die mathematischen Aspekte und Inhalte, die in der Auseinandersetzung mit dem Spiel zum Tragen kommen. Und so kann *MONOPOLY* zu einem mathematischen Lernspiel werden. Bei genauerer Betrachtung lassen sich an Inhalten und Zielen finden:

- Trainieren des Umgangs mit Geld in großen Zahlenräumen
- Verwenden von Geld (Banknoten) in Ankaufs- und Verkaufssituationen
- Bezahlen eines Geldbetrages mit unterschiedlichen Banknoten
- Zerlegen eines Geldbetrages nach möglichen Stückelungen
- Berechnen des Rückgeldes bei Überbezahlung
- Multiplizieren von Geldbeträgen beim Ankauf mehrerer Häuser/Hotels oder bei der Berechnung des 80-fachen bzw. 200-fachen Mietwertes einer Immobilie, je nach gewürfelter Augensumme
- Berechnen eines 10%-igen Zinssatzes bei Inanspruchnahme von Hypotheken
- Halbieren der Geldbeträge bei Veräußerung von Häusern/Hotels an die Bank
- Berechnen des Gesamtwertes der erworbenen Immobilien, einschließlich der Verrechnung von Schulden mit der Bank
- lexikographisches Ordnen von Geldbeträgen zur Ermittlung des Siegers

Eine ganze Menge Mathematik steckt also in diesem Spiel, wobei wir wissen, dass es auch nichtmathematische Dimensionen gibt, über die man nachdenken muss (reich werden auf Kosten anderer ...). Immerhin wird deutlich, dass auch Gesellschaftsspiele durchaus eine Portion Mathematik enthalten können. Insoweit macht es Sinn, die auf dem Markt erhältlichen Spiele einmal unter diesem Aspekt zu untersuchen.

5. Tipps und Tricks

1. Ordnung in den Spielesammlungen

Manche Spieleecken sehen schon recht merkwürdig aus. Über Jahre wurde zusammengetragen, was Haus, Hof und Trödelmärkte hergegeben haben. Hier hilft nur: Entrümpeln!

Das Angebot muss übersichtlich bleiben und auf die Altersstufe zugeschnitten sein. Das heißt noch lange nicht, dass nicht das eine oder andere Spiel bereitsteht für Kinder, die schon über den Tellerrand des verordneten Lehrplanes hinausschauen wollen (und sollen).

Selbst hergestellte Memories, Dominos, Puzzles usw. erhalten als Markierung Klebepunkte als Ordnungssymbol. Die Aufbewahrungsschachtel zeigt das gleiche Symbol.

Kleine Teile werden am einfachsten in Kästchen aufbewahrt, wie sie in Baumärkten für Schrauben, Nägel usw. zu finden sind.

Wegepläne werden gelocht und an Nägeln an der Wand übereinander aufgehängt.

Und dann gehört in jede Spieleecke eine Kiste, in der die Kleinteile gesammelt werden, die plötzlich herumliegen und von denen niemand so genau weiß, zu welchem Spiel sie gehören. Fehlt in einem Spiel ein Teil, findet man es in dieser Kiste dann wieder.

Und neben Blumendienst, Tafeldienst und Milchholer gibt es auch den Spieledienst, der für das regelmäßige Aufräumen zuständig ist.

2. Herstellung von Wegeplänen

Felder auf Wegeplänen lassen sich mit Klebepunkten darstellen. Klebepunkte gibt es in verschiedenen Größen und Farben im Bürohandel. Für die Ausgestaltung bieten sich Klebebilder, Abziehbilder und Sticker an. Wird der Wegeplan mit Folie überzogen, hält er nicht nur länger, sondern die Felder können auch beschriftet werden.

Achtung: Auch wasserlösliche Folienstifte hinterlassen auf Dauer auf der Folie Spuren. Daher sollten die Beschriftungen regelmäßig abgewischt werden.

3. Setzleisten als Kartenhalter

Kinderhände sind manchmal zu klein, um Spielkarten angeordnet zu halten. Setzleisten helfen als Kartenhalter.

4. Spielmarken für die Zahlen von 1 – 100

Wer braucht sie nicht häufiger, die Zahlen von 1 bis 100 als Spielmarken? Hier lohnt ein Besuch im Möbelfachgeschäft. Dort finden sich Metermaße aus festem Material. Durch Zerschneiden eines solchen Maßbandes erhält man auf einen Schlag einen Satz Spielmarken mit den Zahlen von 1 bis 100. Ein verständnisvoller Verkäufer oder Geschäftsführer wird sicherlich einen Satz Maßbänder in Klassenstärke zur Verfügung stellen.

5. Regeln und Rituale

Auch für Spiele gelten Regeln und Rituale. Spiele haben Spielregeln, aber darüber hinaus gelten auch hier Regeln für das Miteinander. Sie sind verbindliche Vereinbarungen für alle. Rituale schaffen verlässliche Ordnungen und geben Orientierung und Halt.

- In der Freiarbeit ziehen sich spielende Kinder in die Spieleecke zurück.
- Sie reden und spielen so miteinander, dass andere nicht gestört werden.
- Ein Zeichen ist vereinbart. Danach wird das Spiel beendet.
- Ist das Spiel beendet, wird es auf- und weggeräumt.

6. Spielepool der Schule

Spiele, die nicht im Klassenraum gebraucht werden, werden zentral aufbewahrt. Zu jedem Spiel gibt es eine Karte mit Titel und kurzer Beschreibung, festgeklebt auf dem Regalboden oder an der Regalrückwand. Die Karte enthält ein freies Feld und ist mit Folie überzogen. Wer ein Spiel ausleiht, trägt mit Folienstift seinen Namen in das freie Feld ein.

In einer Ecke steht eine kleine Sammelkiste für Spielsteine, Würfel, Spielpüppchen, ... Wenn Spiele aussortiert werden, kommen diese Gegenstände in die Sammelkiste. So kann man fehlende Teile immer wieder ersetzen.

7. Anschaffung von Taschenrechnern

Taschenrechner sind in vielfältiger Typenausführung auf dem Markt. Für die Hand von Grundschulkindern reicht ein Gerät mit folgenden Merkmalen aus:

- Solarbetrieb
- große Tasten
- Grundrechenarten mit Konstante.

Werbeverlage bieten solche Taschenrechner, oft als Tischrechner im Kleinformat, zu günstigen Preisen an.

Vielleicht ist auch eine Firma oder ein Geschäft im Schulbezirk bereit, eine solche Anschaffung zu sponsern.

8. Würfel und andere Zufallsgeneratoren

Der Würfel ist sicherlich der am häufigsten gebrauchte „Zufallsgenerator". Aber, wie man ihn auch dreht, in der klassischen Form hat er nur sechs Seiten.

Neben Lehrmittelverlagen bietet heute jedes einigermaßen gut sortierte Spiel-
warengeschäft „Würfel" mit mehr Flächen an.
Leicht angefertigt werden kann auch eine Drehscheibe aus festem Karton mit
acht oder zehn Seiten.

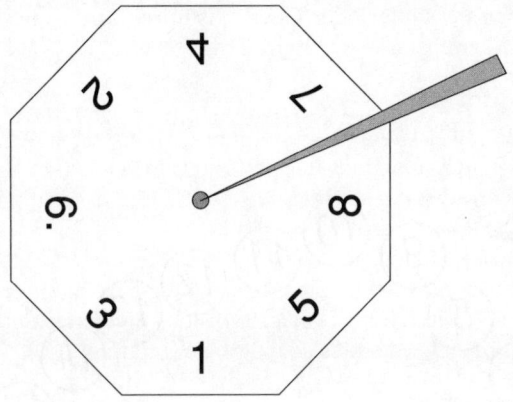

9. Rüttelkasten für Würfel

Wer kennt nicht das Problem, dass beim Würfeln in der Klasse die Würfel
häufiger auf dem Fußboden zu finden sind statt auf dem Tisch. Hier hilft ein
Rüttelkasten, der bei entsprechender Auspolsterung auch recht geräuscharm
zu bedienen ist.
Eine kleine Kiste wird durch Zwischenwände aus Pappe unterteilt. In jedes
Abteil kommt ein Würfel. Ein Stück Plexiglas wird als Deckel mit Isolierband
festgeklebt. In der „Luxusausfertigung" werden die Würfelabteile mit Styropor
ausgelegt.

6. Kopiervorlagen

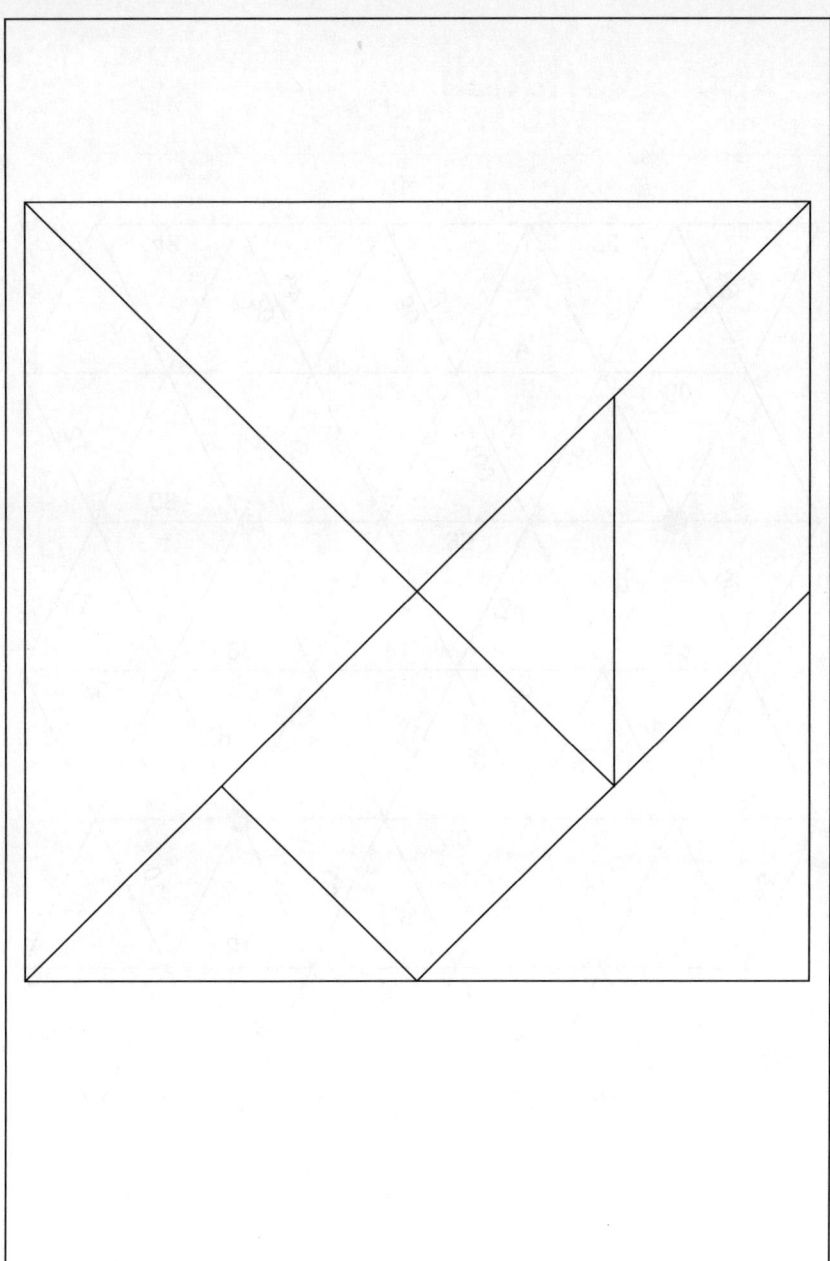

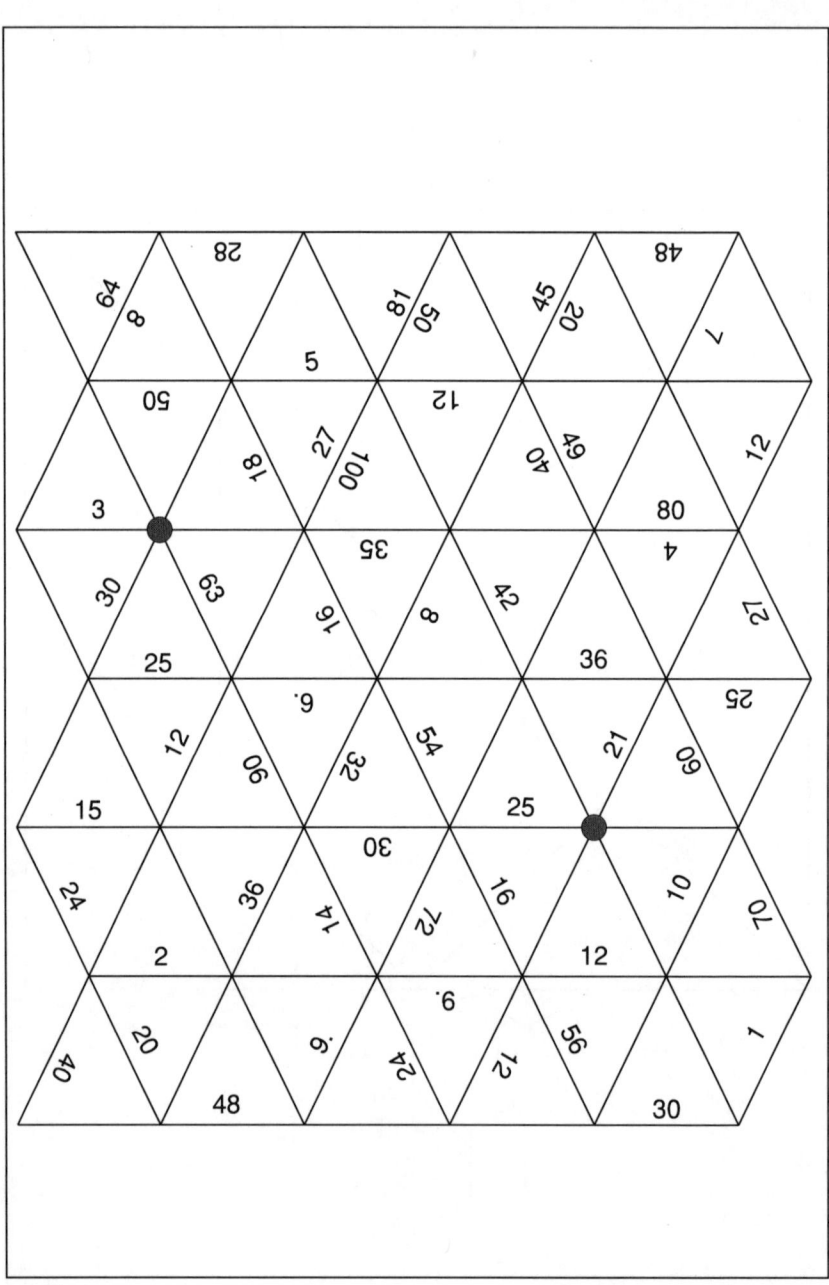

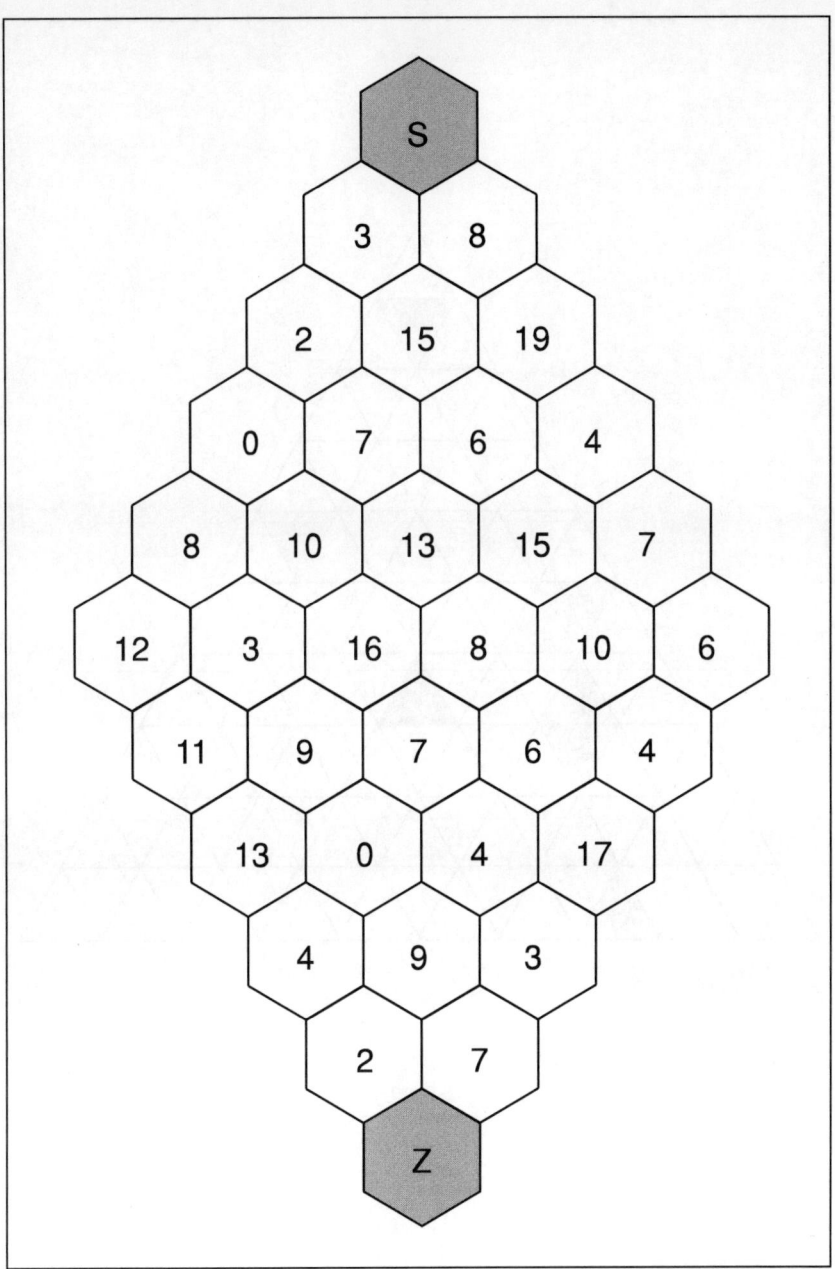

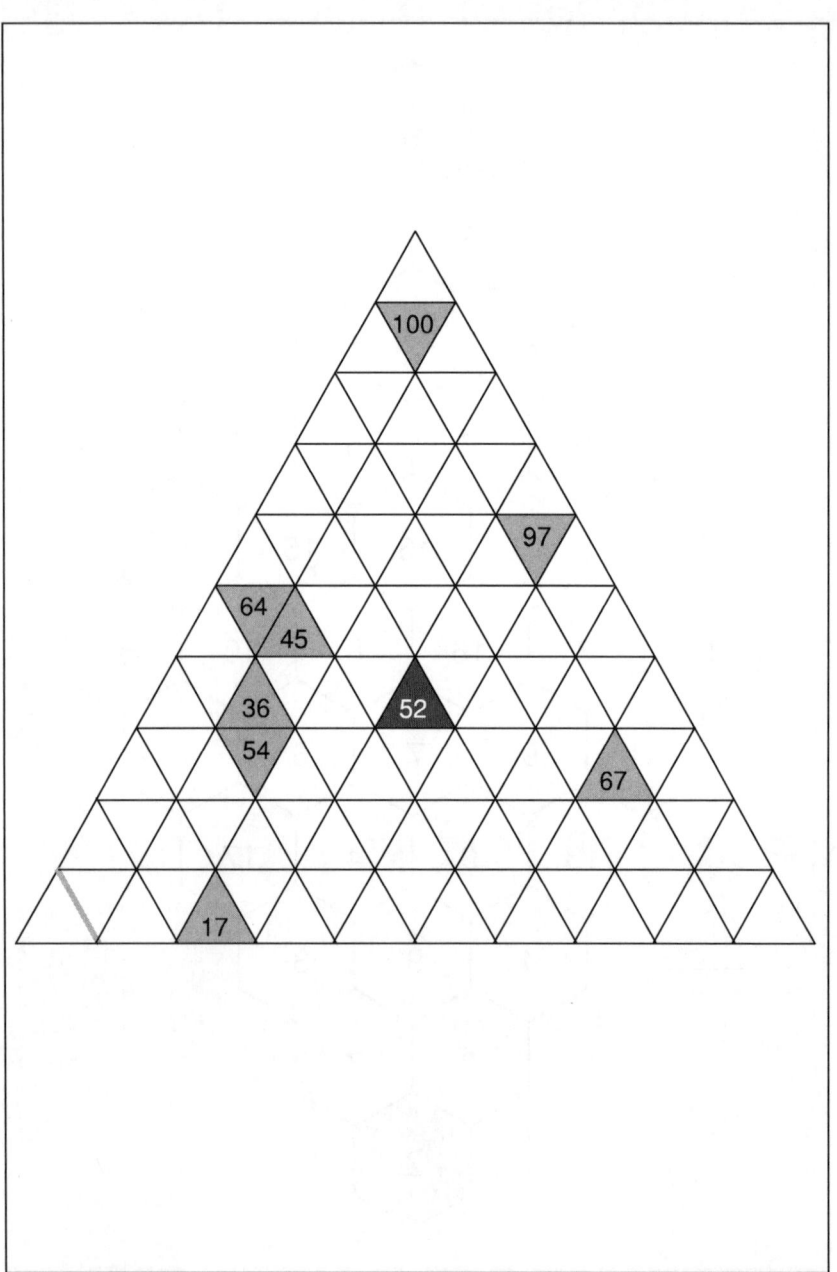

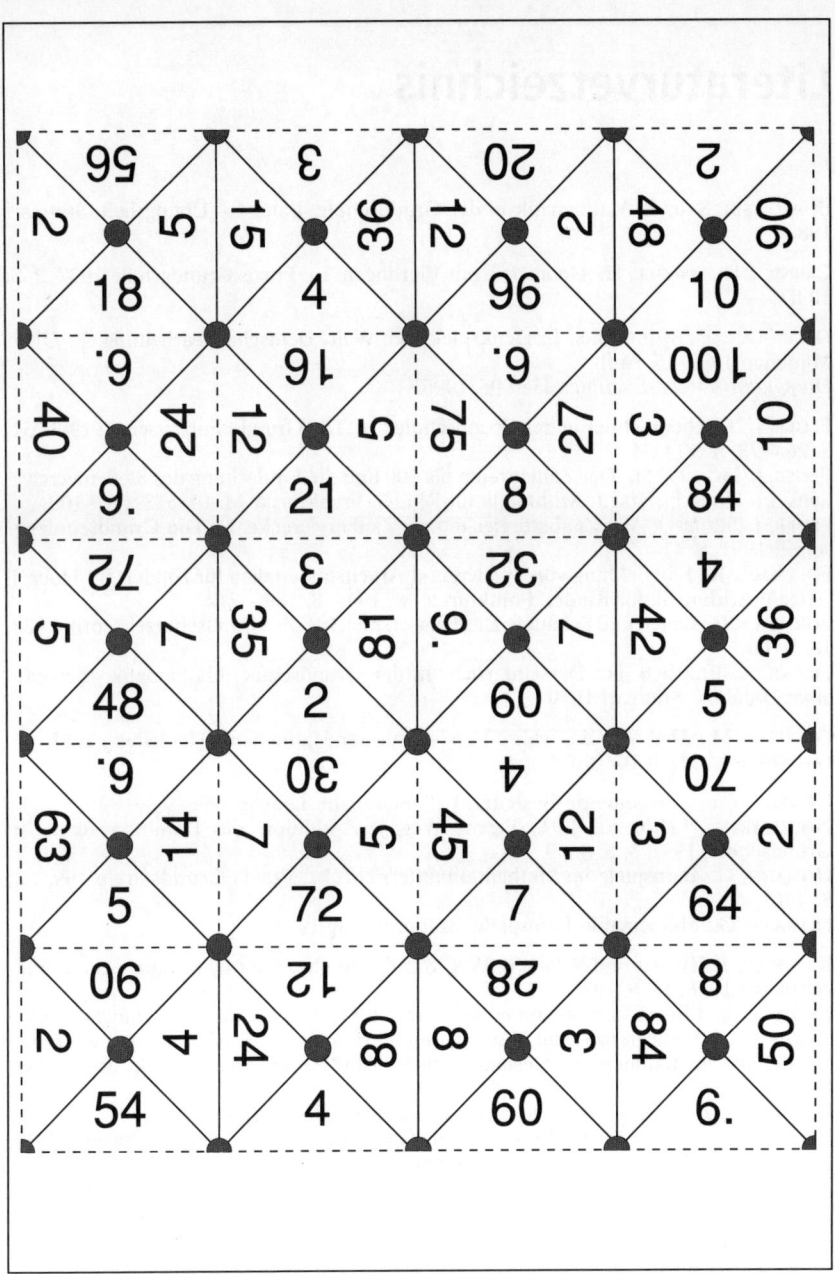

Literaturverzeichnis

BOBROWSKI, S. u. a.: Mathematik in der Grundschule, Band 4 – Übungsheft. Stuttgart 1980

CARNIEL, D./SPIEGEL, H.: Geometrie mit Vierlingen. In: Praxis Grundschule 1997, 2, S. 30 ff.

DELFT VAN, P./BOTERMANS, J.: Denkspiele der Welt. Deutsche Bearbeitung: E. Oker, München 1997, 15. Aufl.
DIE GRUNDSCHULZEITSCHRIFT, Heft 96/1996

FLOER, J.: Taschenrechner in der Grundschule? In: Die Grundschulzeitschrift 1990, 31, S. 26 – 28, S. 50 – 54
FLOER, J./MÖLLER, M.: Der Zahlenraum bis 100 und die Entdeckung des Stellenwertsystems. In: Floer, J. (Hrsg.): Arithmetik für Kinder. Frankfurt a. M. 1985, S. 68 – 100
FLOER, J./SCHIPPER, W.: Zauberdreiecke und Zaubervierecke. In: Die Grundschulzeitschrift 1991, S. 47
FORTHAUS, R.: Entwicklung von Spielen und Arbeitsmaterialien für Kinder. In: Floer, J. (Hrsg.): Arithmetik für Kinder. Frankfurt a. M. 1985, S. 189 – 212
FORTHAUS, R.: Bauen und Schauen: Das Häuserspiel. In: Die Grundschulzeitschrift 1988, 18, S. 11
FRICKE, A./BESUDEN, H.: Der Unterricht in der Grundschule, Mathematik, Elemente einer Didaktik. Stuttgart 1970

GARDNER, M.: Aha! oder das wahre Verständnis der Mathematik. Heidelberg 1981
GRUNDSCHULE, Heft 10/1997

HERBST, W. u. a.: Geometrie-Begleiter, 1./2. Schuljahr. Leipzig 1996
HOLZWARTH, N./LORENZ, J. H.: Eigene Wege zu Addition: das Dominoquadrat. In: Grundschule, 1997, 3, S. 8 – 9
HOMANN, G.: Lernspiele im Mathematikunterricht. In: Praxis Grundschule 1997, 2, S. 4 ff.
HOMANN, G.: Mathematik–Lernspiele. Braunschweig 1995

KAESELER, P.: Bauen und Schauen: Weg von der Buchgeometrie. In: Die Grundschulzeitschrift 1988, 18, S. 10
KNÜPFER, A.: Eine fächerübergreifende Unterrichtsreihe über die Einsatzmöglichkeiten ausgewählter Strategiespiele im Mathematikunterricht eines 3. Schuljahres sowie deren Herstellung im Rahmen des Gestaltungsunterrichts. Unveröffentlichte 2. Staatsarbeit 1996
KÖPPEN, D.: 70 Zwiebeln sind ein Beet. Weinheim 1990, 2. Aufl.
KRAUSHOFER, C./KÖNIG, N.: Ein Spiel mit Gewichten. In: Die Grundschulzeitschrift, Sonderdruck Mathematik, Band II: Geometrie und Sachrechnen. o. J., S. 73
KRAMPE, J./MIDDELMANN, R.: Spielen im Mathematikunterricht. Heinsberg 1987

LANGDON, N./SNAPE, C.: Mathematische Schatzkiste, Stuttgart 1995
LORENZ, J. H.: Kinder entdecken die Mathematik. Braunschweig 1997
LÖRCHER, G. A./RÜMMELE, H.: Mit Taschenrechnern rechnen, üben und spielen. In: Grundschule 1986, 4, S. 36 – 39

MATHEMATIK LEHREN: Sammelband Spiele. 1996
METZNER, W.: Aufgabenkarten zum Zauberdreieck. Stuttgart 1991
METZNER, W.: Zauberzahlen – strukturierte Aufgaben zur Addition und Subtraktion. Leipzig 1997
MÖLLER, M./FLOER, J.: Erste Erfahrungen mit Zahlen: Der Zahlenraum bis 20. In: Floer, J. (Hrsg.): Arithmetik für Kinder. Frankfurt a. M. 1985, S. 33 ff.
MÜLLER, G. N./RÖHR, M./WITTMANN, E. CH.: Schauen und Bauen: Geometrische Spiele mit Quadern. Leipzig 1997
MÜLLER, G. N./WITTMANN, E. CH.: Der Mathematikunterricht in der Primarstufe. Braunschweig 1977
MÜLLER, G. N./WITTMANN, E. CH.: Spiegeln mit dem Spiegelbuch. Leipzig 1997 (1)
MÜLLER, G. N./WITTMANN, E. CH.: Spielen und Überlegen: Die Denkschule, Teil 1. Leipzig 1997 (2)

NIKITIN, B. u. L.: Das Nikitin Material – aufbauende Spiele zum Erziehungsmodell der Nikitins, Dorsten 1992 (LOGO Lern-Spiel-Verlag)

RADATZ, H./RICKMEYER, K.: Handbuch für den Geometrieunterricht an Grundschulen. Hannover 1991
RADATZ, H./SCHIPPER, W.: Handbuch für den Mathematikunterricht an Grundschulen. Hannover 1983
REGELEIN, S.: Lernspiele für die Grundschule. Rothenburg o. d. T. 1994, 10. Aufl.
ROTH, M.: Spielformen im Mathematikunterricht. In: Freisleben, H. B. (Hrsg.): Mathematik und Bewegung. Würzburg 1991, S. 33 – 62

SCHIPPER, W.: Kopfrechnen: Mathematik im Kopf. In: Die Grundschulzeitschrift 1990, 31, S. 22 – 25, S. 45 – 49
SCHIPPER, W./DEPENBROCK, K.: Förderung der rechnerischen Flexibilität mit Hilfe von Spielen. In: Grundschule 1997, 10, S. 43 ff.
SCHNAUDER, J.: Lernspiele zur neuen Mathematik. Rothenburg o. d. T. 1980
SNAPE, C./SCOTT, H.: Mathematischer Zauberkasten, Stuttgart 1995 (1)
SNAPE, C./SCOTT, H.: Mathematische Wundertüte, Stuttgart 1995 (2)

WINTER, H.: Mathematik entdecken: Neue Ansätze für den Unterricht in der Grundschule. Frankfurt a. M. 1994, 4. Aufl.
WITTMANN, E. CH./MÜLLER, G. N.: Handbuch produktiver Rechenübungen, Band 1. Vom Einspluseins zum Einmaleins. Stuttgart 1990
WITTMANN, E. CH./MÜLLER, G. N.: Handbuch produktiver Rechenübungen, Band 2. Vom halbschriftlichen zum schriftlichen Rechnen. Stuttgart 1992
WITTMANN, E. CH.: Aktiv-entdeckendes und soziales Lernen im Rechenunterricht. In: Müller, G. N./Wittmann, E. Ch. (Hrsg.): Mit Kindern rechnen. Frankfurt a. M. 1995, S. 10 – 41

ZÜRCHER, K.: Werkstatt-Unterricht 1 × 1, Didaktisches und Praktisches. Bern 1991, 2. Aufl.